密教的修法手印 上

十八道法．金剛界法

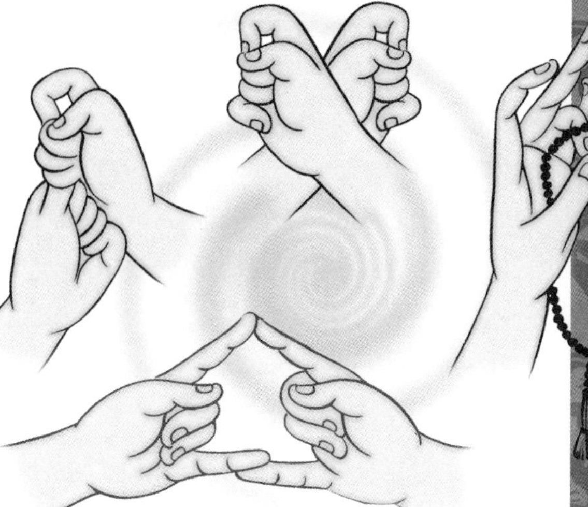

密教的手印，除了本尊的單一手印之外，也形成系統性與組織化的修法，成為廣大而完整的密法基礎。本書介紹東密的行者在接受正式的傳法灌頂，成為具有傳法資格的阿闍梨之前，所必須修學的四度加行手印。

本書解說四度加行中的十八道法及金剛界法之修法手印圖像、結法及真言，使行者迅速趣入諸佛本尊的密境，成就世出世間的功德。

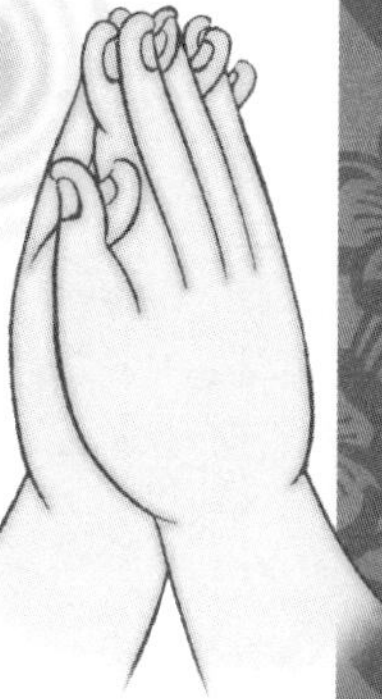

目錄

第2篇　十八道法手印

第3篇 金剛界法手印

出版緣起

佛法的深妙智慧，是人類生命中最閃亮的明燈，不只在我們困頓、苦難時，能撫慰我們的傷痛；更在我們幽暗、徘徊不決時，導引我們走向幸福、光明與喜樂。

佛法不只帶給我們心靈中最深層的安定穩實，更增長我們無盡的智慧，來覺悟生命的實相，達到究竟圓滿的正覺解脫。而在緊張忙碌、壓力漸大的現代世界中，讓我們的心靈，更加地寬柔、敦厚而有力，讓我們具有著無比溫柔的悲憫。

在進入二十一世紀的前夕，我們需要讓身心具有更雄渾廣大的力量，來接受未來的衝擊，並體受更多彩的人生。而面對如此快速遷化而多元無常的世間，我們也必須擁有十倍速乃至百倍速的決斷力及智慧，才能洞察實相。

同時在人際關係與界面的虛擬化與電子化過程當中，我們也必須擁有更廣大的心靈空間，來使我們的生命不被物質化、虛擬化、電子化。因此，在大步邁向新世紀之時，如何讓自己的心靈具有強大的覺性、自在寬坦，並擁有更深廣的慈悲能力，將是人類重要的課題。

生命是如此珍貴而難得，由於我們的存在，所以能夠具足喜樂、幸福，因自覺解脫而能離苦得樂，更能如同佛陀一般，擁有無上的智慧與慈悲。這種菩提種子的苗芽，是生命走向圓滿的原力，在邁入二十一世紀時，我們必須更加的充實。

因此，如何增長大眾無上菩提的原力，是〈全佛〉出版佛書的根本思惟。所以，我們一直擘畫最切合大眾及時代因緣的出版品，期盼讓所有人得到真正的菩提利益，以完成〈全佛〉（一切眾生圓滿成佛）的究竟心願。

《佛教小百科》就是在這樣的心願中，所規劃提出的一套叢書，我們希望透過這一套書，能讓大眾正確的理解佛法、歡喜佛法、修行佛法、圓滿佛法，讓所有的人透過正確的觀察體悟，使生命更加的光明幸福，並圓滿無上的菩提。

因此，《佛教小百科》是想要完成介紹佛法全貌的拚圖，透過系統性的分門別類，把一般人最有興趣、最重要的佛法課題，完整的編纂出來。我們希望讓《佛教小百科》成爲人手一册的隨身參考書，正確而完整的描繪出佛法智慧的全相，並提煉出無上菩提的願景。

佛法的名相眾多，而意義又深微奧密。因此，佛法雖然擁有無盡的智慧寶藏，對人生深具啟發與妙用，但許多人往往困於佛教的名相與博大的系統，而難以受用其中的珍寶。

其實，所有對佛教有興趣的人，都時常碰到上述的這些問題，而我們在學佛的過程中，也不例外。因此，我們希望《佛教小百科》，不僅能幫助大眾了解佛法的名詞及要義，並且能夠隨讀隨用。

《佛教小百科》這一系列的書籍，期望能讓大眾輕鬆自在並有系統的掌握佛教的知識及要義。透過《佛教小百科》，我們如同掌握到進入佛法門徑鑰匙，得以一窺佛法廣大的深奧。

《佛教小百科》系列將導引大家，去了解佛菩薩的世界，探索佛菩薩的外相、內義，佛教曼荼羅的奧祕，佛菩薩的真言、手印、持物，佛教的法具、宇宙觀……等等，這一切與佛教相關的命題，都是我們依次編纂的主題。透過每一個主題，我們將宛如打開一個個窗口一般，可以探索佛教的真相及妙義。

而這些重要、有趣的主題，將依次清楚、正確的編纂而出，讓大家能輕鬆的了解其意義。

在佛菩薩的智慧導引下，全佛編輯部將全心全力的編纂這一套《佛教小百科》系列叢書，讓這套叢書能成爲大家身邊最有效的佛教實用參考手册，幫助大家深入佛法的深層智慧，歡喜活用生命的寶藏。

密教的修法手印—序

密教的修法，主要是建立在三密相應之上。這是指修行者自身的身、語、意與佛菩薩等本尊的身、語、意三密能夠相應，受到加持。這也就是所謂眾生三密與本尊三密相應涉入，彼此攝持，以成辦瑜伽悉地。

在《金剛頂經一字頂輪王瑜伽一切時處念誦成佛儀軌》中即說：「三密纔相應，自身同本尊。能遍入佛智，成佛猶不難。」

而《大日經疏》卷一也說：「入真言門略有三事：一者身密門；二者語密門；三者心密門。（中略）行者以此三方便，自淨三業，即爲如來三密之所加持。」

而其中所謂加持，譬如佛菩薩等，就如同太陽一般影現在眾生心水之中，所以名「加」。而修持者的心水，能感受諸佛本尊的太陽遍照，名爲「持」。所以加持，就是表示如來的大悲與眾生信心的相互涉入。

在身、語、意三密當中，身密即爲印契，而語密是真言密咒，意密即本尊觀想。透過這三密的相應加持，修行密法者，能迅速的修證成就。

印契（梵名 mudra，藏名 physy-rgya），俗稱爲手印。現在常指密教修法時，雙手與手指所結的各種特殊姿勢。印契的梵名音譯爲母陀羅，或是稱爲印相、契印、密印，有時則單稱爲「印」。

密教認爲，手印是指曼荼羅海會中的諸本尊，爲了標示自身所內證的三昧境界，或在因地中修行的人，爲了共同證入於佛菩薩諸尊的本誓當中，而與諸尊的身、口、意三密相應涉入，因此在雙手手指上所結的密印。

而佛菩薩等本尊的心意，最重要的是要具有大慈悲心，及了悟一切現空的智慧。因此，手結契印如果能以大慈悲爲心要，體悟性空如幻、無所執著的實相，必能與本尊相應。

在本書中，完整的向大家介紹四種系統性的手印修法。包括十八道法（十八契印）、金剛界法、胎藏界法及護摩法等四種手印修法次第。這四種手印的修法，是東密修法的主要根本。

在東密的修法當中，行者於接受傳法灌頂，正式成爲弘法的阿闍梨之前，必須修習四種行法，稱爲四度加行。即包括了十八道法、金剛界法、胎藏界法及護摩法。修習這四度加行之後，才進入密行之門。

在本書中，透過詳盡的解說及系統性的介紹，讓大家能理解手印修法的奧妙，因此使修行者趣入諸佛本尊的密境當中，與本尊相應，迅速成就諸佛本尊的世間及出世間功德，是編輯此書的根本心願。

祈願所有的眾生，都能受到諸佛本尊加持，與諸佛本尊三密相應，迅速成就本尊瑜伽，圓滿成佛。

凡例

一、《密教的修法手印》的編輯，是為了解明密教修法的各種手印，使讀者能迅速明瞭與掌握其要義及修法次第。

二、本書所介紹密教的修法手印，如：十八道法、金剛界法、胎藏界法、護摩法，雖然有其本據，但是由於傳承與時空因緣的不同，彼此間或有些許差異之處。因此，本系列的編輯過程，參校了各種經論與版本，以期求取最恰當、適切的內容。但是由於資料繁複萬端，或有疏略之處，敬請見諒。

三、在本系列中，所列之手印圖像次第，主要是以《金剛界念誦私記》、《胎藏界念誦私記》、《十八道念誦私記》及《不動護摩私記》所載為主，但是在對校各種經、論、圖版之後，有些許校正。

◎手印十指的別稱

手印具有本尊相應的威力，因此印契自古以來即被視爲具有神祕力量的來源，透過十指精巧的結合，能成就世間的各種願望與出世間的各種修證境界。但是本尊手印的結契最主要的是與本尊的心意相合，方能圓滿成就。

因此，密教中對結印之兩手及十指有特殊的稱呼，以此來表徵本尊之特德，使行者之身與本尊相應。一般稱兩手爲二羽、日月掌、二掌；稱十指爲十度（十波羅蜜）、十輪、十蓮、十法界、十真如、十峯。並將兩手配於金剛界與胎藏界，或配於定與慧、理與智等，如左表所列：

右手	日	觀	慧	智	智	實	獻	外	般若	悲念	金剛界
左手	月	止	定	福	理	權	從	內	三昧	慈念	胎藏界

而將五指配於蘊、五佛頂、五根、五字、五大等……十指配於十度，如左表所列：

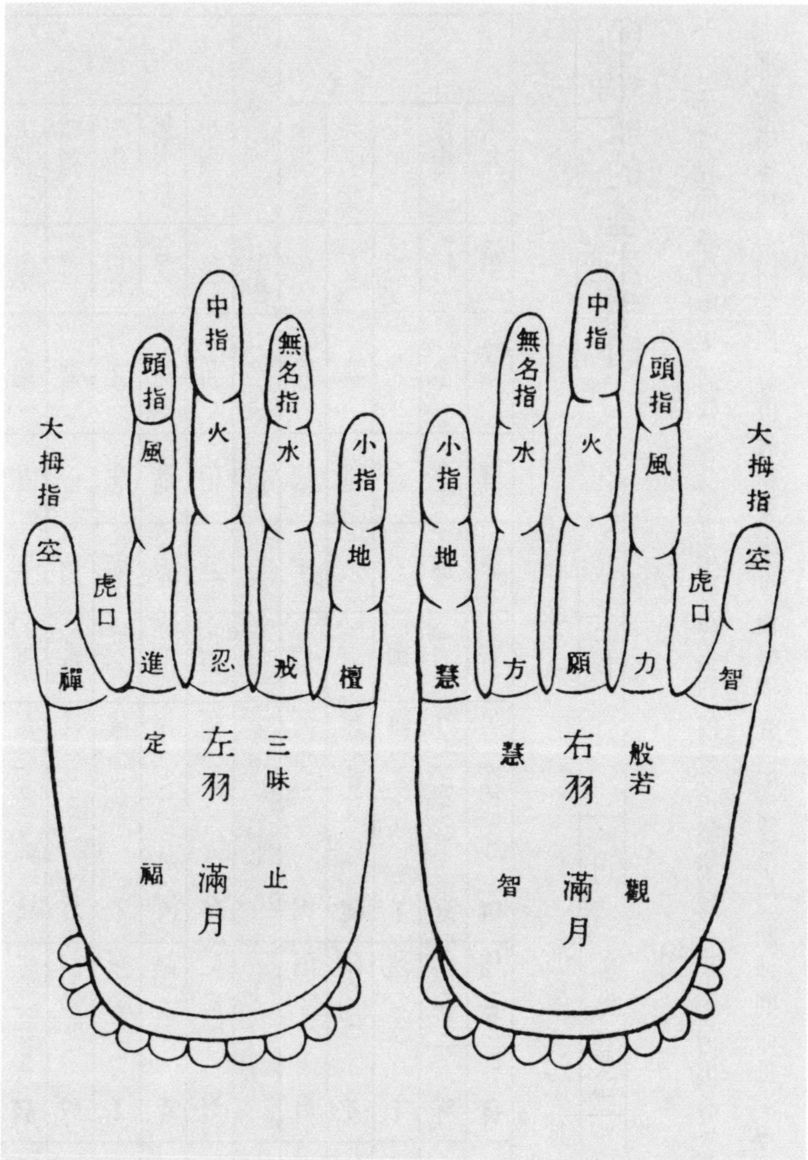
大拇指
空
虎口
禪
頭指
風
進
中指
火
忍
無名指
水
戒
小指
地
檀
定
福
左羽
滿月
三昧
止
小指
地
慧
無名指
水
方
中指
火
願
頭指
風
力
大拇指
空
虎口
智
慧
智
右羽
滿月
般若
觀

十指的別稱

右手						左手				
大指	頭指	中指	無名指	小指		小指	無名指	中指	頭指	大指
識	行	想	受	色	五蘊	色	受	想	行	識
輪	蓋	光	高	勝	五佛頂	勝	高	光	蓋	輪
慧	定	念	進	信	五根	信	進	念	定	慧
智	力	願	方	慧	十度	檀	戒	忍	進	禪
禪	進	忍	戒	檀	十度	慧	方	願	力	智
欠(khaṁ)	吽(hūṁ)	羅(ra)	尾(vi)	阿(a)	五字	阿(a)	尾(vi)	羅(ra)	吽(hūṁ)	欠(khaṁ)
佉(kha)	訶(ha)	羅(ra)	嚩(va)	阿(a)	五大	阿(a)	嚩(va)	羅(ra)	訶(ha)	佉(kha)
空	風	火	水	地	五大	地	水	火	風	空

⊙密教的基本手印

在密教的經續中，諸佛菩薩等本尊在不同的曼荼羅集會、不同的因緣教法中，都結出各種不同的印契以教化眾生，而綜備囊括各種手印原理的印母，也開始出現，手印也愈來愈系統化，而成爲組織性的修法。在《大日經疏》卷十三中，曾給予這些印母總括性與組織性的說明，這包括了十二合掌與四種拳。

十二合掌

1.堅實合掌：合掌，掌中堅相著，十指微離。

2.虛心合掌：十指齊等，頭相合，掌心微開。

3.未敷蓮合掌：如前，空掌內，使稍穹。

4.初割蓮合掌：二地二空並相著，餘六指散開，即八葉印也。

5.顯露合掌：仰兩掌相並，掌心向上。

6.持水合掌：並兩掌而仰，指頭相著，稍屈合之，如掬水，似飲食印也。

7.歸命合掌：合掌，十指頭相叉，以右加左，如金剛合掌也。

8.反叉合掌：以右手加左，反掌，以十指頭相絞，亦以右手指加於左手指上。

9.反背互相著合掌：以右手仰左手上，以左手覆在右手下，略似定印。

10.橫拄指合掌：仰二手掌，令二中指頭相接。

11.覆手向下合掌：覆兩掌，亦以二中指相接。

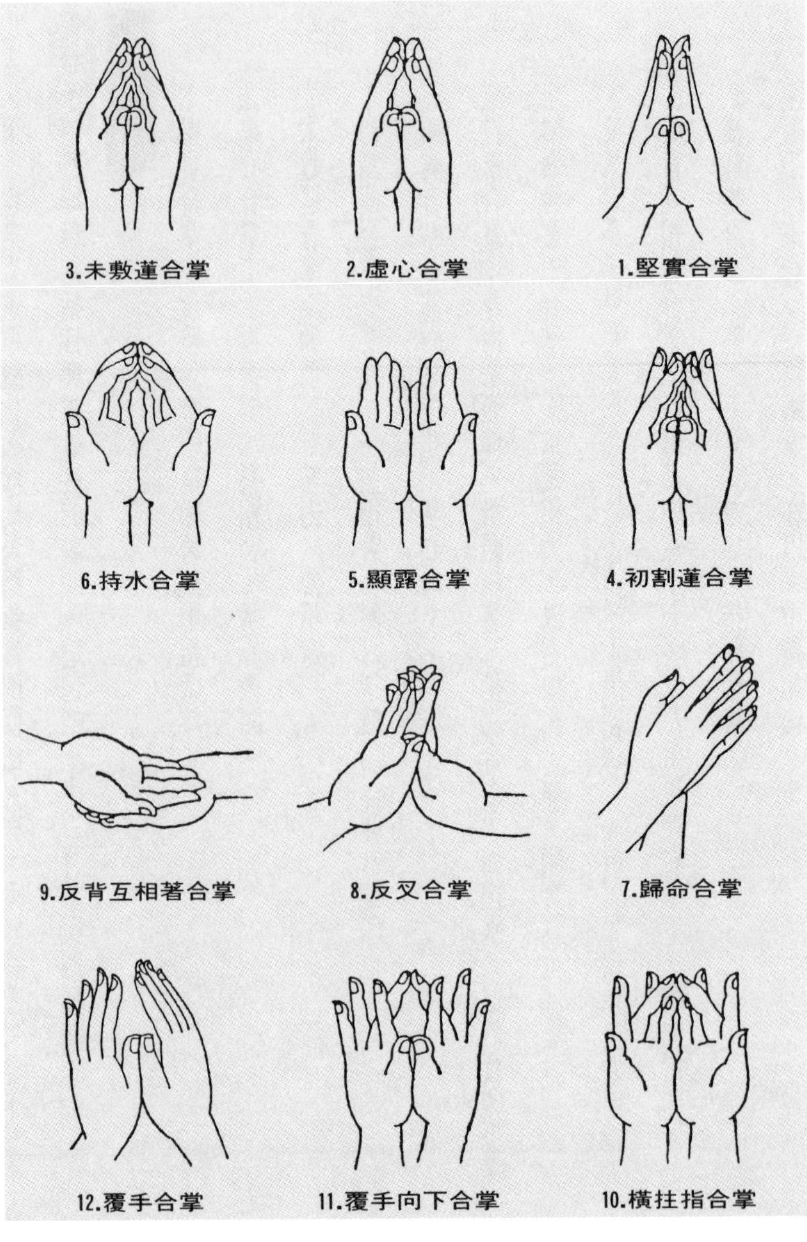
1.堅實合掌
2.虛心合掌
3.未敷蓮合掌
4.初割蓮合掌
5.顯露合掌
6.持水合掌
7.歸命合掌
8.反叉合掌
9.反背互相著合掌
10.橫拄指合掌
11.覆手向下合掌
12.覆手合掌

12.覆手合掌：並覆兩手，以二大指並而相接，十指頭向外。

四種拳

1.爲拳，大指豎於外，名「蓮華拳」，又名「胎拳」。

2.大指在掌中爲拳，名「金剛拳」。

3.叉合二手作拳，十指頭出外，名「外縛拳」。

4.十指相叉，頭入於掌内，名「内縛拳」。

⦿結誦印言時之四處加持、五處加持

結誦印言時，有指定的所謂四處加持或五處加持，在儀軌中常見要在指定之處做加持的指示，而且都代表著重要的意義。例如在護身法中，對蓮華部三昧耶的結印說「真言三遍，做頂的右印」，其次在金剛部三昧耶也說「真言誦三遍做頂的左印」，即明確的指定一處。這裡所說頂的左右，是相當於胎藏曼荼羅之三部描述的部位。即以中台八葉爲中心，右方有蓮華部觀音院，左方有金剛部金剛手院。依此將蓮華部與金剛部的三昧印配於左右。

1.蓮華拳（胎拳）

2.金剛拳

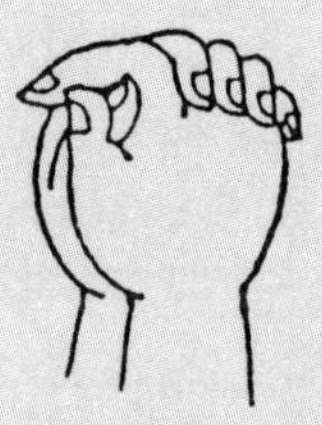

3.外縛拳

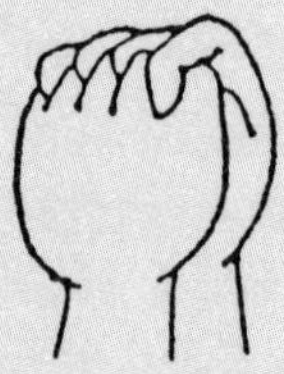

4.內縛拳

四種拳

四處是指心、額、喉、頂等四處。配以大日如來的內證智（四智）與四佛如下：

心：大圓鏡智——阿閦如來
額：平等性智——寶生如來
喉：妙觀察智——阿彌陀如來
頂：成所作智——不空成就如來

加持此四處，行者觀想自身成爲大日法界身。

五處是指額、右肩、左肩、心、喉五處，出於《八字文殊儀軌》。加持五處，行者觀想自身具足五佛，即身成佛。五處五佛的配釋如下：

額——大日如來
右肩——寶生佛
左肩——不空成就佛
心——阿閦佛
喉——阿彌陀佛

除了四處與五處加持之外，還有所謂七處，即在道場觀主尊與七處，其代表意義如下：

左膝——蓮華部
壇上——佛　部
右膝——金剛部
——胎藏界三部

心——金剛部
額——寶　部
喉——蓮華部
頂——羯磨部
——佛部——金剛界五部

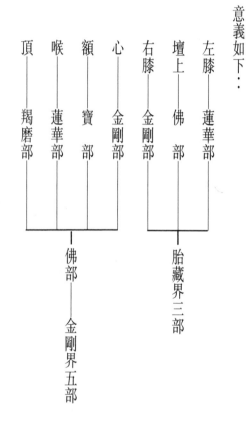

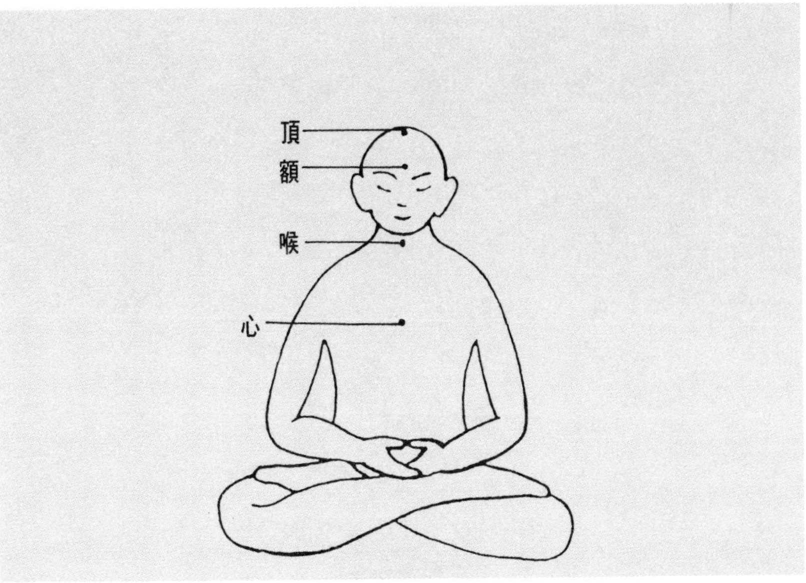

四處加持

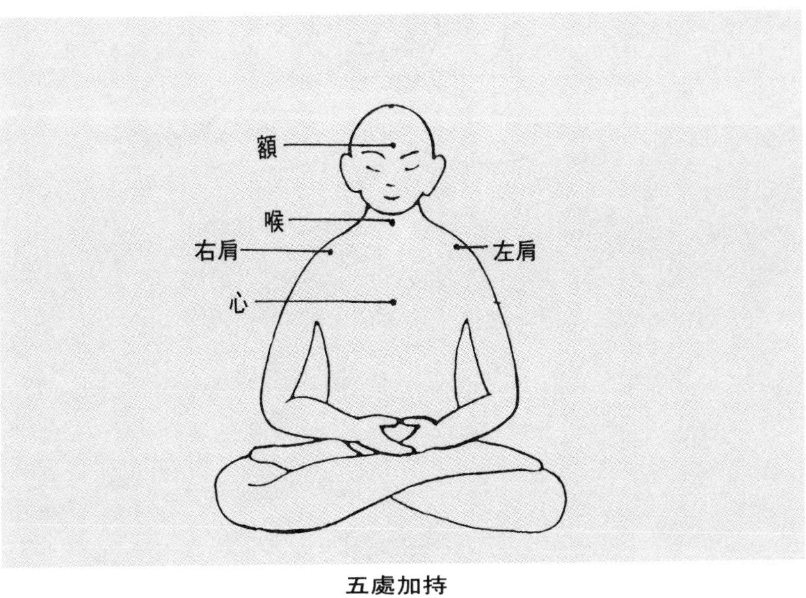

五處加持

壇上

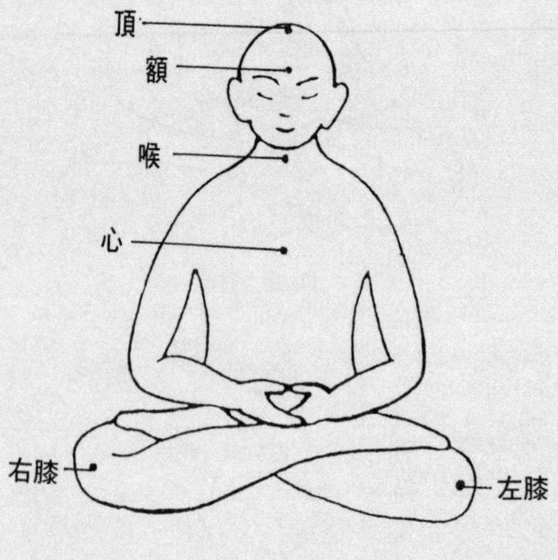

七處加持

第1篇

總論

第一章 從三密相應到即身成佛

在密教中，諸佛本尊之身、語、意稱爲三密（梵文 trini gāhyāni），是指清淨祕密的三業，即是身密（梵 kāya-guhya），口密（梵 vāg-guhya）或稱作語密，意密（梵 mano-guhya）或稱作心密，這是相對於眾生的染污三業所說。

由於佛陀的三密作用極爲微細甚深，非思惟所及，連十地菩薩也不能完全了知，故稱三密，與眾生的三業相應時，能生起不可思議的大用。

眾生的三業，雖然是染雜的，但卻能契合佛的三密，且含攝於其中，而眾生自心體性同於佛的三密，即眾生的三業實相皆是法性的作用，與佛的三密是平等無二，所以也稱爲三密。

眾生的三密中，行者手作本尊的印契，乃至行、住、坐、臥等一切事業，皆稱之身密；口誦真言，乃至一切言語等口業，皆稱語密；心中觀本尊，乃至隨一切因緣起念，各種事業，皆稱爲意密。

手印（梵文 mudrā，藏名 phyag-rgya），又稱爲印契，現常指密教在修法時，行者雙手與手指所結的各種姿勢。音譯作母陀羅、慕捺羅、母捺羅，或稱印相、契印、密印，或單稱爲「印」。

佛菩薩及本尊的手印，象徵其特殊的願力與因緣，因此我們與其結相同的手印時，會產生特殊的身體力量和意念的力量，這和佛菩薩及本尊修證的本位力量的身心狀況是相應的。

在密教中，手印是指曼荼羅海會諸尊爲標示其內證的三昧境界，或修行者爲了表達同於諸尊本誓，而於其手指上所結的密印；是屬於本尊身、語、意三密中的身密。

三密可分爲有相、無相二種：有相三密是佛與眾生互融，入於瑜伽境界，行者身結印即身密，口誦真言即語密，意觀本尊即意密，稱爲有相三密。無相三密是指行者一切身、語、意念三者皆與本尊三密平等無二，稱爲無相三密。

佛菩薩本尊的三密，加持於行者的三業上，稱爲三密加持；而佛的三密與行者的三密相應融合，則稱爲三密相應。

密宗依此三密加持、三密相應的廣大作用，讓我們能轉凡夫身而成就佛身，也就是透過身、語、意三密的修持，讓我們得以即身成佛。

第二章 佛教共通的修法基礎

在佛教的修行法門中，皆是以成佛爲主旨，其教法雖然有千差萬別，但其旨趣，皆是以說明成佛的方法爲要點。

「成佛」是指成爲如佛陀一般的自覺覺他、覺行圓滿者。在大乘佛法中成佛的方法，設立有種種修行的階位，強調必須經十住、十行、十迴向、十地、等覺、妙覺等四十二種階位或是十信、十住、十行、十迴向、十地、等覺、妙覺等五十二種階位，方能成就佛道。

凡夫從一念發起菩提心，志求佛果開始修行，稱做菩薩。菩薩修行的期間，實屬悠久，謂須經過三大阿僧祇劫之長遠時間；在其間死生無數次，誠然不可思議，而經此生生世世的長遠修行，方始成佛，這是大乘佛教的通說。

密教認為這樣的修持太過久遠，不切實際，所以很重視即身成佛。

以三密一相平等為要件，所謂「成佛」則是「證悟自心之實相」。這裡的「自心實相之淨菩提心（Śuddba-bodhi-citta）」就是我們修證的根本，也是心識內本具的無漏種子，即無垢清淨之智體，了悟淨菩提心，自心中無垢清淨之智體，就能夠現前成就圓滿佛果（Abhisambuddha）。

「即身成佛」為現身成佛之義；即以此凡夫之身，直接現前成為佛陀之義，有時亦稱為「現身成佛」。

雖然顯教、密教在重點上有所不同，也各自發展出不同特色的修行法門，但是在核心的精神與基礎上仍是共通的。

⦿發菩提心

無論是顯教或密教的修行人，在發心學佛之後，首要的修習前行，便是發起度化眾生離苦得樂的大弘誓願。

脫。

在發願時，以菩薩的四弘誓願爲代表。

四弘誓願是菩薩的根本共願：

一、眾生無邊誓願度，乃於眾生生起深刻的悲憫，而願度化一切眾生入於解脫。

二、煩惱無盡誓願斷，是了知一切眾生不能解脫，皆根源於無盡的煩惱，一一煩惱有一一眾生，無邊煩惱有無邊眾生，因此誓願斷除無邊的煩惱。

三、法門無量誓願學，一一煩惱各有一一對治法門，要斷除種種煩惱必須具足種種方便，故願學無量法門具足無量方便，以對治無盡煩惱。

四、佛道無上誓願成，除盡一切煩惱，清淨無礙，具清淨眼徹知佛道無上，將使眾生安於裡席之上，成就究竟佛道，亦使自性成就，法界同體解脫，同證無上正等正覺。

而在密教中則以大日如來五大願爲代表：

一、眾生無邊誓願度

二、福智無邊誓願集

三、法門無邊誓願學
四、如來無邊誓願事
五、無上菩提誓願成

⊙受戒

發願之後，接著要受戒，即是將此大悲心願落實於生活中，積極遮止身、語、意中一切會傷害生命的行爲，實踐一切能幫助生命臻至圓滿的善行。

在受戒的項目中，以五戒、十善爲代表。

五戒是：一、不殺生，二、不偷盜，三、不邪淫，四、不妄語，五、不飲酒。不殺生尤以不能殺人爲主；不偷盜更戒偷取整個社會資糧，而將成本丟給社會承擔；不邪淫尤其不能破壞他人的淨戒；不妄語更戒未證聖果而自言得證，這是大妄語。

以上四者是根本戒，不飲酒是遮戒，因爲飲酒可能亂性，而做出犯戒行爲；在現代，任何刺激神經系統，使人失去理智的興奮劑、毒品，如大麻、安非他命、鴉片、海洛因……等毒品，比酒厲害萬倍，使用的話更是最嚴重的犯戒行爲；所以，不飲酒戒可統稱爲不使用一切迷亂精神之物品戒。

淨守五戒可遮止過惡，而十善是五戒的細分，有更積極的揚善意義；十善爲：一、不殺生，二、不偷盜，三、不邪淫，四、不妄語，五、不兩舌，六、不惡口，七、不綺語，八、離貪欲，九、離瞋恚，十、離邪見。十善業，前三業屬身業，四至七業屬語業，八至十業屬意業，含攝了身、語、意三業，又屬於生起善道之行，所以稱爲十善業。

第三章 傳法灌頂前的加行——四度加行

經過前述的基礎修行之後，一位東密的修行者，在接受傳法灌頂，成爲正式傳法的阿闍梨教授師之前，通常必須修持十八道法、金剛界法、胎藏界法、護摩法等四部法。後來，這四部法又被稱爲接受傳法灌頂前的「四度加行」。

有關四度加行之名稱，並未見於經軌之中，但可以說是將密教修行人，所需修習的基本密法，加以系統化的組織，就像藏密要修習皈依大禮拜、誦金剛薩埵百字明咒、獻曼達、修上師相應法等四加行一般。相傳四度加行最初出於日本空海大師《真言傳授作法》及真然之《祕訣》。至於四度加行之修行順序及日數，則因各派或時代之不同而有所差異。

而修學此四度加行之順序，大多是十八道法、金剛界法、胎藏界法、護摩法。四度加行之修行順序與時間，因各派盛行時代不同而有所差異。就修行順序而言，如廣澤流依屬金剛頂部之《瑜伽護摩軌》，定十八道法、金剛界法、護摩法、胎藏界法之順序；即將護摩法置於金剛界法之後。小野流則依屬胎藏部之《建立護摩軌》，定十八道法、金剛界法、胎藏界法、護摩法之順序；即將護摩法置於胎藏法之後。

其說法是以行十八道法，於一門別德的本尊得證悉地時，再依此一門得以證入法界，所以於十八道法之後受學的金、胎兩部大法。而胎、金兩部依次表理、智二德，故先修能證的智，次修所證的理，因而先受學金剛界法，次胎藏界法。受學兩部大法完畢，堪受阿闍梨法師之位，入傳法灌頂壇。爲了祈念入傳法灌頂壇時無難無障，更修護摩法。

第四章 密教通用的修法

◎清淨身心的護身法

此爲密教修持法之一。又作護身加持。即真言密教行者於修法之初，爲避除內外諸魔障礙，令身心清淨，成就所修之法，而結誦印言加持身心的作法。如《菩提場所說一字頂輪王經》卷二中說：「念誦護摩等，先應作護身，若離護身法，悉地必不成。」

如依日本真言宗所說，護身法是指十八契印所出的淨三業、佛部三昧耶、蓮華部三昧耶、金剛部三昧耶及被甲護身等五種印言結誦之作法，稱爲「五護身」

。其中，「淨三業」總斷三業所犯罪垢。

淨三業的印相是蓮華合掌，稍許分開中指尖。代表從原有的淨菩提心發生修行的菩提之芽。象徵眾生本具的菩提心之萌芽。

淨三業印言是印於五處，此爲行者本身顯現五佛，由此自他三業即成爲清淨，將染著之三業轉爲諸佛清淨之三密。

「佛部三昧耶」用於淨身業，其印相所示的是佛陀全身相。代表佛頂形，又代表法界塔，象徵數種不同的意義，雙手的小、無名、中三指形成的是頂上的肉髻相，而中、食指的中間是雙眼。此印有平等、本誓、除障、驚覺的四種意義。行者結此即具體顯現此四義，表生佛不二。

「蓮華部三昧耶」用以淨口業，即結八葉印。

蓮華部三昧耶的印相是開敷蓮華形，是本具菩提心開顯之相。蓮華部的聖眾加持使口密清淨，因此將蓮華部諸尊的功德加持行者的所作，以位於胎藏中台八葉右方的觀音院相對的意思，印在頂右。

「金剛部三昧耶」用以淨意業，金剛部三昧耶的印相，以雙手合背形成的無名、中、食三指爲三鈷杵印。所謂金剛部是以智德爲體，而三鈷是表示智體堅固不壞，故成爲金剛部三昧耶之印。本印表身、口、意三業清淨之義。

「被甲護身」，即既得三業清淨，今乃被如來大慈悲甲冑，以防天魔惡人之障難。

被甲護身，此印又稱內三勝印。表以大悲心爲甲冑，自覺覺他，自他共證無上正覺之義。

若將此五種印言約自利、利他而分，前四種屬自證，第五種屬化他，或各兼二利。若配以體、相、用三大而言，第一種（淨三業）配於體大，三部配於相大，被甲護身配於用大。其他，也有配以五部、三部、三種菩提心、三德、三身等諸說。

又，十八契印爲密教修法之規矩，故一般修法都先用此五種印言加持護身，但也有特殊的護身作法，如胎藏大法的佛部三昧耶、法界生、轉法輪、金剛鎧、囕字觀，及金剛界大法的淨地、淨身等。然近世流行之大法次第，則於此等特殊護身作法之前，先結誦淨三業等五種印言。

⊙辟除魔障的結護法

此法爲結界護身之意。即真言行者入道場欲修法時，於道場內結界，辟除魔障，以護行者之身，此稱結護法。《念誦結護法普通諸部》中說：「凡欲念誦，先須護身結界澄想。」《蘇悉地羯羅經》卷下〈供養品〉中說：「若作諸法，遂乃忘作護持法，則令使魔興。欲除魔故，速應誦持當部明王真言，將護自身，一切魔障不得其便。如上備作護身結界及餘法已，然後攝心安祥念誦。」

關於結護，有三種、五種、七種等說法。《十八契印生起略頌》中說結護法有三種，即當部明王、網（虛空網）、火院；《阿娑縛抄》卷一二八舉立印、成立（或成身）、護身、辟除、結界等五種。《要略念誦經》則說祕密三昧耶（入佛三昧耶）、清淨法身（法界身）、金剛法輪（轉法輪）、金剛甲冑、法界清淨、除障大護（無堪忍）、不動威怒法等七種印明，並以之爲祕密結護法。

1.大金剛輪印：藉結誦此印，有本身成爲曼荼羅大壇之義，另一方面入金剛輪菩薩（纔發心轉法輪菩薩）之三昧，以摧破與輪圓之用，嚴淨行者本身。

2.金剛橛：在印相上，由二小二食與二大做成的形是獨股，豎立一個獨股，在其上橫置獨勝的形式。將獨股做爲橛（椿）打入地下深處，以防大力諸魔之搖動，清淨地中之穢惡。

3.金剛墻：印相所示爲墻，串連三股杵做成墻的形式。

4.馬頭明王：由於馬的食欲旺盛，在吃草時，除吃草之外，別無雜念。馬頭明王印則取如嚼碎食物般摧破諸魔之義，在蓮華部修法之時結護則採用馬頭明王。一般而言，金剛界是降三世明王，胎藏界是不動明王。同時不動明王也可成爲兩部諸尊之結界印明。

5.虛空網：印相與上述的墻印相同，橫豎組合三股杵做網，佈置在天空以防天魔侵入的形式。

6.金剛炎：以二大指做成的三角形是火之本體，餘指是火焰，是極具有象徵性的印契之一，象徵以金剛炎焚燒一切障礙。

7.大三昧耶：印相爲三股杵，二空、二火、二風。三股杵是軍荼利明王的三昧耶形，又稱大三昧耶。住於三昧故能成爲強大的結界。

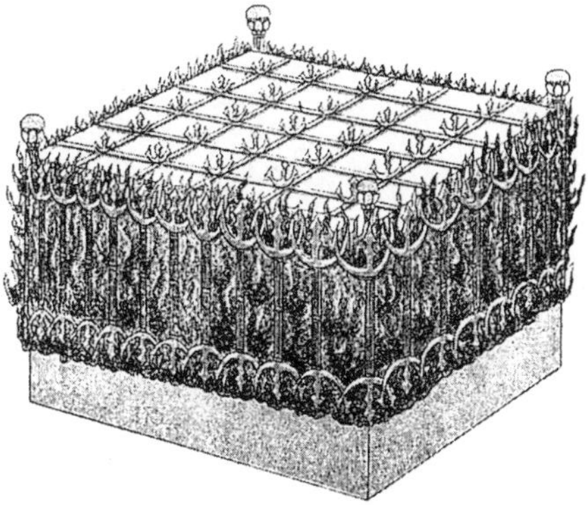

五種結界合圖

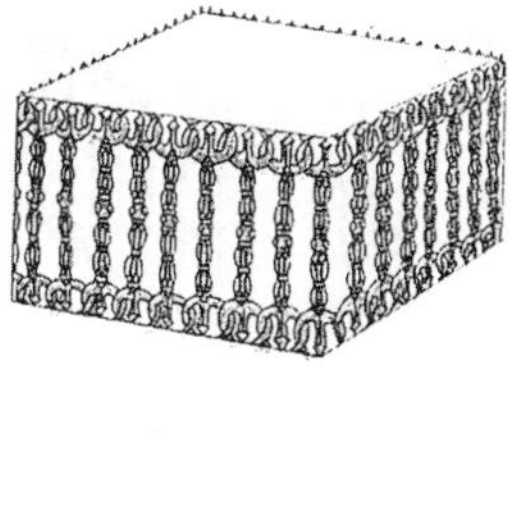

金剛墻（四方結）

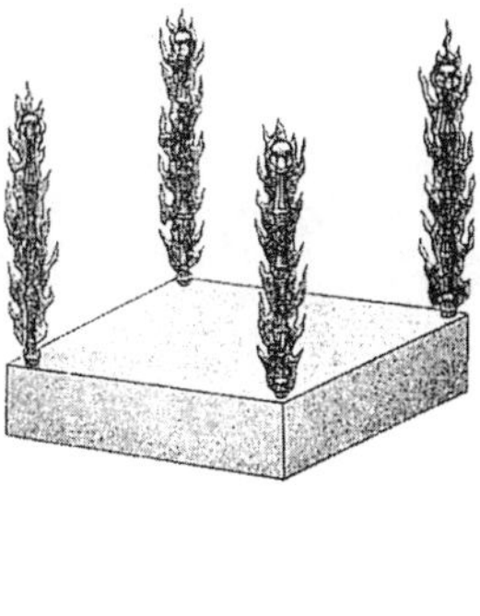

金剛橛（地結）

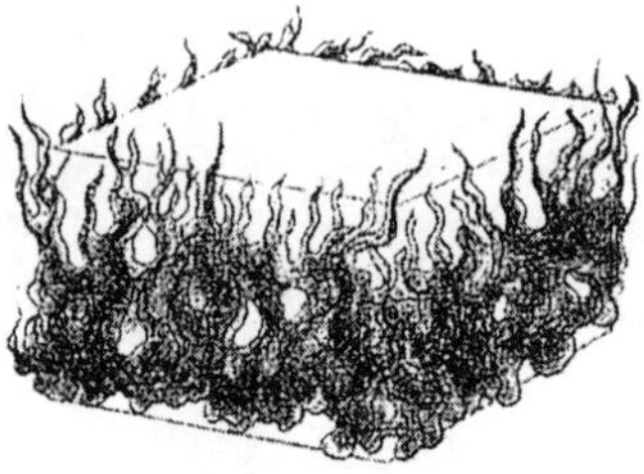

金剛炎（火院）

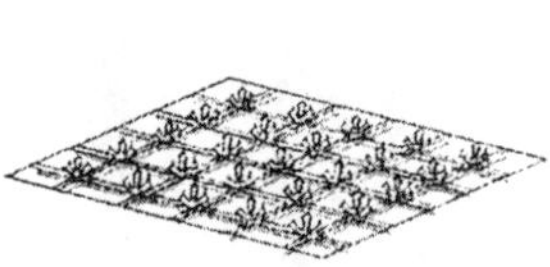

金剛網（虛空網）

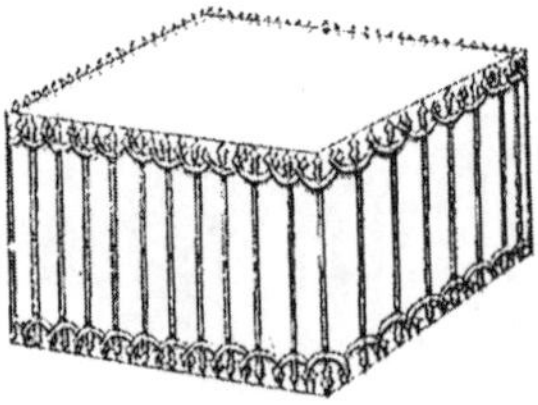

大三昧耶

七種結護法中，不動威怒法又稱「辟除結護」，乃指入修禪三昧時，結不動之劍印，外辟除惡魔，內護持自身。此「辟除結護」不僅通用於一切結護，且威力甚大，能擁護十方大界。又護身、淨除處所，行者之心念呪印所及之處，能令種種異類及難調魍魎之屬皆見熾然之金剛威怒，猶如大火聚周遍。在各種結護之中，密宗行者主要用此一法。

⊙六種供養

六種供養是指修法時壇上莊嚴的閼伽、塗香、華鬘、燒香、飲食、燈明等六種供養。

行法中的前後供養，通常是行理供養後，再行事供養。理供養是結誦印明，意思是藉加持的力量完成無量供養。而事供養是指在壇上供養的實際供具而行供養。

《大日經疏》卷八：「若深祕釋者，塗香是淨義，如世間塗香，能淨垢穢息除熱惱。今行者以等虛空閼伽洗滌菩提心中百六十種戲論之垢，以往無為戒塗之，生死熱惱除滅，得清涼性，故日塗香。

所謂花者，是從慈悲生義，即此淨心種子於大悲胎藏中，萬行開敷莊嚴佛菩提樹，故說爲花。

燒香是遍至法界義，如天樹王開敷時，香氣逆風、順風自然遍布。菩提香亦爾，隨一一功德，即爲慧火所焚，解脫風所吹，隨悲願力，自在而轉，普熏一切，故日燒香。

飲食是無上甘露、不生不死之味，若服此果德成熟更無過上味時，即名入證，故說爲食。

所謂燈者，是如來光明破暗之義。言至果地時，心障都盡，轉無盡慧，遍照眾生，故說爲燈。」

⊙本尊的召請與撥遣

此階段屬勸請法，即於所建立的道場迎請本尊與眷屬諸尊。主要印明是寶車輅、請車輅、召請（迎請）的三印。在本法的次第是加上四明與拍掌二印明，構成迎接本尊的儀式。

1.寶車輅：是迎接本尊的車，因為是七寶莊嚴的車輅，故稱寶車輅。派去本尊淨土迎接，故又稱送車輅。印相是二食指表示車輪，小指、無名指、中指三指是表示車中之蓮華座，二大指是表示御者（金剛童子）。二大指向外送，是金剛使者拉車的態勢。

2.請車輅：表示請本尊乘車輅，到道場空中迎接的儀式。二大指向內召的作法就是這種表現。

3.召請：印相是雙手內縛，以右大指迎請。依次第之序，載本尊聖眾的車到達道場之空中，請下車到設在道場內的座位上落座的動作，就是此召請印。

用於召請的印言，依三部修法而不同。蓮華部之法，因此根據胎藏曼荼羅之位相，觀音院是在中台之右，故以右大指迎接是相應之法。一般而言，金剛部的修法是雙手內縛以左大指迎接，這是因為金剛手院在中台之左側。佛部的召請印是雙手內縛以二大指示召相，這是以二大指表示禪智，這也是理智。佛部是理智不二，故以二大指迎請。還有通召請之印言，內縛以右頭指迎請稱大鉤召印。

以上是十八契印中的本尊勸請法，但在次第上必須修四明與拍掌。

4.四明：已受召請的本尊是安置在壇上。此時觀想現在降臨壇上的本尊，與安置在道場的本尊，以及行者以本尊觀（道場觀）觀想的本尊，三者必須完全是一體，確認三者一如的就是四明之印言。

5.拍掌：因得三身一體的佛止住於壇上，故以拍掌使聖眾歡喜。拍掌和搖鈴相同，是歡喜的表現。

6.撥遣：此作法是將後供養的華鬘器之一葉觀爲本尊所坐之座，雖須拋向虛空，但要輕輕放置在後供華鬘器之前。

⊙四度加行修道次第簡表

1.發願和受戒
2.結緣灌頂
3.十八道行法作法
4.十八道行法

❶莊嚴行者法

①淨三業

②佛部三昧耶

③蓮華部三昧耶

④金剛部三昧耶

⑤被甲護身

❷結界法

⑥金剛橛印

⑦金剛墻

❸莊嚴道場法

⑧道場觀

⑨大虛空藏

❹勸請法

⑩寶車輅

⑪請車輅

⑫召請

❺結護法

⑬馬頭明王

⑭虛空網

⑮金剛火院
⑯閼伽香水
⑰蓮華座
⑱五供養

❻供養法

❼念誦法 入我我入觀、字輪觀、散念誦

❽後供方便法 修後供養、讚、三力、迴向、解界

5.十八道行法

6.金剛界法行

❶上堂行願分

❷三昧耶戒分

❸成身加持分

❹道場莊嚴分

❺奉請結護分
❻供養讚嘆分
❼念誦修習分
❽後供方便分

7. 金剛界行法

8. 胎藏界行法

❶上堂行願分
❷三昧耶戒分
❸事業道場分
❹秘密道場分
❺諸會諸聖分
❻召請結界分
❼供養讚嘆分

❽成身加持分

❾念誦修習分

❿後供方便分

9.胎藏界行法

受明灌頂

護摩行法的傳授

暗誦與立印

10.護摩法

❶作壇法

❷息災護摩的準備次第

❸內道場的建立

❹五段護摩法

❺破壇

11. 傳法灌頂

❶三昧耶戒

❷金剛界傳法灌頂

❸胎藏界傳法灌頂

第2篇

十八道法手印

第一章 十八道法簡介

十八道法，爲密法修行中通用的十八種修法次弟，行者於此修學熟練灌頂的禮儀中的各種基本的手印、真言、觀想等，再受持金剛界、胎藏界等大法。

十八道簡軌中，通常分爲六類法：

❶莊嚴行者：又稱作護身法，爲除穢淨身之法。首先結淨三業印，清淨三業。次結佛部三昧耶印、蓮華部三昧耶印、金剛部三昧耶印，以得佛、蓮華、金剛三部之加被，清淨身、口、意三業。再結被甲護身印，被如來之甲冑以莊嚴行者之身。

❷結界法：即先結地結印，堅固所住地。次結金剛墻印，四方設柵以防他人

侵入。

❸莊嚴道場：謂於所結界處，建立道場並莊嚴之。有二印，即：道場觀、大虛空藏印。

❹勸請法：謂迎請本尊入道場。即結寶車輅印，送七寶莊嚴的車輅迎請本尊。次結請車輅印，請本尊乘車至道場，再結迎請本尊印，迎請本尊至壇上。

❺結設法：即本尊既臨道場，故結部主印以驅除常隨魔。次結虛空網印，以堅固之金剛網覆道場上空。再結火院印，令金剛墻外有火焰繞之，使外魔不得入侵。

❻供養法：即結閼伽印，以水供本尊。次結華座印，爲聖眾設蓮華座。再結普供養印，作種種供養，使本尊隨意受用之。

簡修法請參閱《佛教小百科17佛教的手印》。

其詳細次第依《十八道念誦私記》所載如下：

【莊嚴行者法】

1. 壇前普禮—金剛合掌
2. 著座普禮—金剛合掌
3. 三密觀—蓮華合掌
4. 淨三業—蓮華合掌
5. 佛部三昧耶
6. 蓮華部三昧耶—八葉印
7. 金剛部三昧耶—金剛部三昧耶印
8. 披甲護身—披甲護身印
9. 加持香水—小三古印
10. 加持供物—小三古印
11. 覽字觀—金剛合掌
12. 淨地—金剛合掌
13. 觀佛
14. 金剛起
15. 普禮—金剛合掌
16. 表白
17. 神分
18. 祈願
19. 五悔—金剛合掌
20. 淨三業—金剛合掌
21. 普禮—金剛合掌
22. 發菩提心—金剛合掌
23. 三昧耶戒—金剛合掌
24. 發願、五大願—金剛合掌
25. 普供養三力偈—普供養印
26. 大金剛輪—大金剛輪印

【結界法】

27. 金剛橛—地結
28. 金剛墻—四方結

【莊嚴道場法】

29. 道場觀—如來拳印
30. 大虛空藏

31.小金剛輪

【勸請法】

32.寶車輅—送車輅

33.請車輅

34.召請

35.四明

36.拍掌舞儀

【結護法】

37.金剛網（虛空網）—金剛網印

38.馬頭

39.金剛炎（火院）—金剛炎印

40.大三昧耶—大三昧耶印

【供養法】

41.閼伽

42.蓮華座—八葉蓮華印

43.塗香

44.華鬘

45.燒香

46.飯食

47.燈明

48.四智讚—拍掌

49.本尊讚—金剛合掌

50.廣大不空摩尼供

51.入我我入—彌陀定印

52.本尊根本印・本尊加持㈠

53.心真言—心秘密印・本尊加持㈡

54.心中心真言—隨心印・本尊加持㈢

55.加持念珠

56.觀念時

57. 唱真言時
58. 字輪觀—彌陀定印
59. 散念珠
60. 散念誦
61. 拍掌
62. 華投（撥遣）

十八道部份修法内容簡介如後。

⊙上堂

修法前要先入堂，即是進入諸佛本尊之壇城，此時首先要清淨我們的身、語、意，將身口意供養給佛菩薩本尊，我們等同於壇城中的聖者，等同於隨法眾。如此，才能受法清淨，受法圓融。在壇城中，禁止喧嘩、干擾，尤其是在修法時莫被俗事干擾。如果真的有事，要離開壇城處理。

⊙普禮

上堂之後，首先要禮敬本尊，此時應先將身口意清淨，止息妄想，端身正立，蓮花合掌。先斷除妄想後，緣念一切十方三寶，體性常住遍滿法界，無所不在。眾生由於迷惑不覺、無明的緣故，流轉輪迴。現在壇城中翻迷歸悟，整個將身口意供養三寶、禮敬三寶，進入壇城，爲聖者所攝受。

再來觀想十方諸佛本尊法身不可思議，光明巍巍，坐寶蓮台，周匝圍繞，重重無盡，就像摩尼寶珠，珠珠相映，重重無盡的蓮花藏世界海，放出光明普照行者及一切眾生，使其業障全部消除，使世界清淨，與一切眾生一一於佛前恭敬作禮；身，肅敬安然，語，口稱聖號，心，歸命致敬。五體投地，伏地禮拜。

⊙著座

禮敬諸佛本尊之後，再來要著座，準備進入正觀。此時依七支坐法上座，所謂七支坐法即是：

(1)雙足跏趺（即雙盤）：雙腳結跏而坐。

(2)背脊直豎：在身心能夠完全放鬆下，使脊背自然調整直豎。

(3)手結定印：兩手放鬆垂下，左右手掌相疊，兩手掌心向上，手背朝下，以左掌置於右掌上。兩拇指輕輕相抵結成橢圓形，自然輕置於大腿之上。

(4)兩肩宜平：兩肩肌肉放鬆，讓其適度平展，此時由側面視之，自然成爲一直線。

(5)舌輕抵上顎：嘴輕閉，舌尖自然微抵上牙齦，不必用力。

(6)頭正，收下顎。

(7)雙目微張：雙眼微開約三分，視線自然落於身前二、三尺處。沈定身心，使身體放下，不繫念過去、現在、未來，當下安坐。

◉覽字觀

行者從清淨的心中觀想自身頭上有一「𑖨𑖽（覽）」字，是火意。此字徧有光明如滿月般，火焰生起，光明十方，焰光燒除一切障礙。光照整個法界及自身。再誦法界真言「𑖨𑖽（覽）」二十一遍。「𑖨𑖽（覽）」是法界體性火，能夠燒除一切障礙，能使我們的身口意三業清淨，甚至一切業障都清淨，能令整個法界都清淨。

⊙清淨三業

此時思惟觀察一切有情本性清淨，只是被煩惱所覆蓋後，不能了悟體性真如之理。所以念誦淨三業真言，加持自己及他人，使一切現前清淨。

⊙發菩提心

發菩提心，首先要了知一切眾生本然具足清淨自性，湛然清淨猶如滿月一樣。所以我們要觀想自己的心圓明清淨，就像滿月輪一樣，內外澄澈、清涼無比。在胸臆之間自然而住，然後依此發出清淨的菩提心真言。

⊙三昧耶戒

三昧耶戒是平等佛戒，而無上菩提是以戒爲根基。戒，是大誓願戒，大誓莊嚴戒，所以是誓句戒。無上菩提的戒，不同於一般行爲法的戒，而是要成就大菩提心的戒。

如是入我我入——聖者入我之身，我入聖者之身。「聖者入我之身」，由聖者加持的緣故，行者入聖者的三昧耶中，乘著這三昧耶以成就佛果。「我入聖者之身」，是行者發起三昧耶，因地發心，直入佛果，以果地如來加持，投入果地如來之中。所以我入聖者之身，我行聖者的三昧耶，而圓同佛身，入我我入，三密相應。

⊙五大願

三昧耶戒後，從三昧耶中出生和誓句相應，再來要發起五大願：

眾生無邊誓願度，福智無邊誓願集，法門無邊誓願學，如來無邊誓願事，菩提無上誓願證，自他法界同利益。

眾生無邊誓願度，而眾生的根源是煩惱無盡，因此要具足無量的法門斷煩惱，才能圓成佛果。密教的五大願和顯教的四弘誓願是同等義。

密法依循這樣的義理而有特殊的因緣，不只要斷煩惱而已，它更積極地福智無邊誓願學，學習諸佛無邊的福德、智慧，一般而言，是度一切眾生成佛，而為了利益一切眾生願成佛，所以要積聚福智。就另外一方面來講，這也是屬於易行道的修法，多積集諸佛功德，而難行道是一心一念救度眾生。

在修學的過程中，密教特別提出要事佛、向佛、供養佛，所以要顯現諸般的儀軌妙法，供養承事，這是如來無邊誓願事。最後是菩提無上誓願證，並且自他法界同利益。

◉三力加持

在所有的大乘法中，我們可以了解都是以諸佛的功德力加持，即是三德能夠宣說諸法要、證諸法，之後三德變爲三力。這三力是以自身功德力、如來加持力、以及法界力，普供養而住。

自身的功德力，自身即是法界的體性，我自身緣起上的修持，所以說是自身功德力。

第二是如來加持力，如來是從法性中現起，這代表整個法界中緣起的祕密，所以整個修行的緣起果德，對我們的加持是如來的加持力。

再來是法界力，法性平等自身的加持力量。這三者普供養而住。

⊙禮佛迴向

迴向，是菩薩大行中圓滿眾生成佛、莊嚴諸佛功德必備的力量。其本身須具足上下雙迴向——上迴向諸佛，下迴向眾生。

修菩提心，初發菩提心，後設迴向，首尾相鏈則淨業相續。

⊙被甲護身

被甲護身，在大乘佛教中代表發起大悲心之誓句，象徵一個菩薩發起本願，即如同被著金剛甲冑，能行一切難行，在一切世間中度一切眾生，而不受迫害。這是自身功德、自身本願以及諸佛加持所成。除此之外，密教特別顯現相上的被甲護身。結被甲護身的手印，是心中觀想我們穿著如來廣大慈悲的甲冑，防護此身避免一切魔障、煩惱，誓願以此身饒益社會，使社會清淨，使世界清淨。

此時，準備要出道場前，在久坐之後，可將全身上下做一簡單按摩再起身。

⊙表白

法會及修法之際，於佛前申訴其願望與目的，而乞請三寶照鑑，稱爲表白。又作啟白。若行於法會之始，則稱開白、開啟。

或又作開白、啟白、表白。即於法會或修法之始，在本尊面前，告白所將舉行法會之旨趣、祈願事項、期限等之儀式作法。亦指法會之首日。於日本，特重此類儀式，然多稱爲開白，而與「結願」相對稱。

⊙神分

又作神下。意謂將法施分與天地諸神。修密教修法之際，爲了去除惡神障礙，祈請善神保護，特向諸天或神祇讀經，使其聽聞佛法得法樂。一般皆誦般若心經一卷，稱爲神分心經。行於行法之初或表白之後等。

⊙四明

指密教金剛界曼荼羅之金剛鉤、金剛索、金剛鎖、金剛鈴等四攝菩薩之印明。又作四攝。四明是密教修法中，於召請本尊之後，爲祈求本尊入於己身中而誦此四明。《祕藏記本》：「真言行者能作此觀，以四明引入諸佛已體。四明謂鉤、索、鎖、鈴。鉤，鉤召；索，引入；鎖，堅住；鈴，歡喜。」

⊙四智讚

指對於阿閦佛之大圓鏡智、寶生佛之平等性智、阿彌陀佛之妙觀察智、不空成就佛之成所作智等四智之讚詠。又作金剛歌詠偈。《金剛頂瑜伽中略出念誦經》卷四中漢文語讚如下：「金剛薩埵攝受故，得爲無上金剛寶；金剛言詞歌詠故，願成金剛勝事業。」

◉解界

密教之行者於一座之修法結束時，解除結界之印明。結界時，每一真言誦三遍，然解界時唯誦一遍即可。所結之印明，其方向一一與結界時逆反。又於解界時，有投花之法，乃爲奉送本尊而投者。

◉出道場

出道場時，心住大悲，慈視眾生，拔一切煩惱，令一切眾生入大涅槃海。

第二章 十八道法手印

莊嚴行者法

◎壇前普禮——金剛合掌

◎著座普禮——金剛合掌

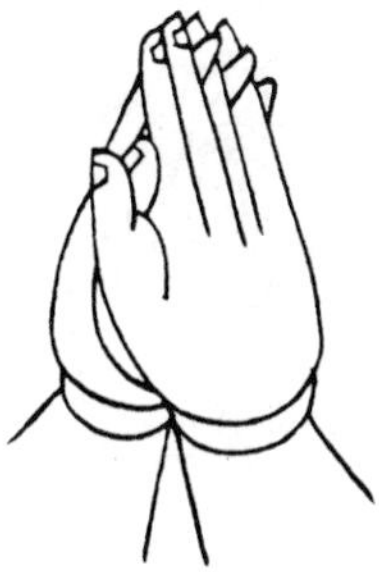

雙手密合，十指指尖交錯，將右手五指置於左手各指之上。

【真言】

唵 薩嚩怛他蘖多播那滿娜曩 迦嚕彌

oṃ sarva-tathāgata-pāda-vandanāṃ karomi

◎三密觀—蓮華合掌

◎淨三業—蓮華合掌

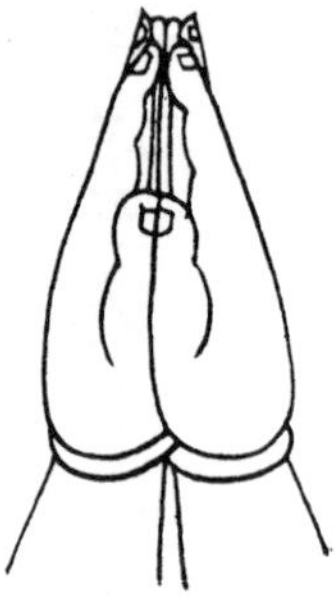

兩掌相合，十指合攏，兩掌之中稍成虛圓不密合。

【真言】

唵　薩網婆縛述馱　薩婆達磨　薩網婆嚩述度含

oṃ　svabhāva-śuddhāḥ　sarva-dharmāḥ　svabhāva-śuddho'ham

⊙佛部三昧耶

拇指、食指除外之六指，指端相合作圓形，兩拇指如蓋狀。

【真言】

唵　怛他蘖都納婆嚩也　娑嚩訶

oṃ　tathāgatodbhavāya　svāhā

◎蓮華部三昧耶—八葉印

雙手虛心合掌，將二大拇指、二小指的指頭相接，中間六指稍許彎曲，如綻放蓮華的花形。

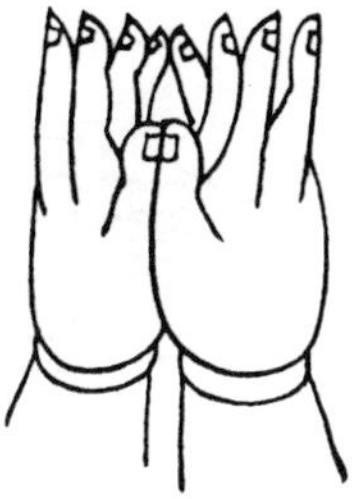

【真言】

唵　跛娜謨納婆嚩也　娑嚩訶

oṃ　padmodbhavāya　svāhā

⊙金剛部三昧耶—金剛部三昧耶印

雙手左覆右向，手背相對。以右拇指與左小指相交（交叉），以左拇指與右小指相交，中間的六指分開貼在手背上。

【真言】

唵　嚩日盧納婆嚩也　娑嚩訶

oṃ　vajrodbhavāya　svāhā

⊙被甲護身—被甲護身印

以二小指、二無名指之右壓左，在內掌中相交（結印之初內縛，豎起二中指）；豎起二中指，指尖相接。將二食指立在二中指後，做成鉤形（不與中指背相接），二大指並排，壓二無名指邊側。

【真言】

唵　嚩日羅銀儞鉢囉捻跛跢也　娑嚩訶

oṃ　vajrāgni-pradīptāya　svāhā

⊙加持香水──小三古印

右手五指伸直，以食指腹壓小指甲。左手持念珠做加持。

【真言】

嗡　阿蜜哩諦　吽　發吒

oṃ　amṛte　hūṃ　phaṭ

◎加持供物—小三古印

右手五指伸直，以食指腹壓小指甲。左手持念珠。

【真言】

唵 播那葛哩沙拏嚩日囉 吽

oṃ pād'ākarṣaṇa-vajra hūṃ

⊙覽字觀—金剛合掌

雙手密合，十指指尖交錯，將右手五指置於左手各指之上。

【真言】

南麼　三曼多勃馱喃　囕

namaḥ samanta-buddhānāṃ raṃ

⊙淨地—金剛合掌

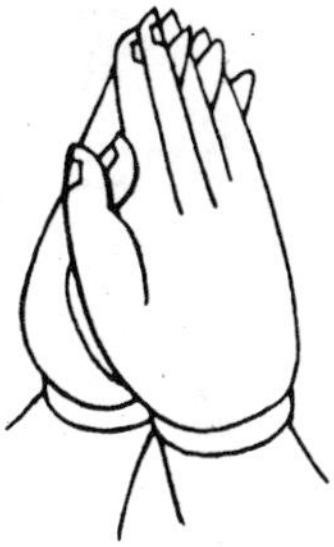

雙手密合，十指指尖交錯，將右手五指置於左手各指之上。

【真言】

唵 囉儒波誐哆 薩嚩達摩

oṁ rajo'pagatāḥ sarva-dharmāḥ

⊙觀佛

金剛合掌，雙手密合，十指指尖交錯，將右手五指置於左手各指之上。

【真言】

欠　嚩日囉馱覩

khaṃ　vajra-dhāto

⊙金剛起

雙手各做金剛拳，小指中節相鉤結，食指伸直，支撐側邊。

【真言】

唵 跋折囉 底瑟咤

oṃ vajra tiṣṭha

⊙普禮—金剛合掌

◉表白

◉神分

◉祈願

◉五悔—金剛合掌

◉淨三業—金剛合掌

◉普禮—金剛合掌

⊙發菩提心──金剛合掌

雙手密合，十指指尖交錯，將右手五指置於左手各指之上。

【真言】

唵 薩嚩怛他孽多播那滿娜曩 迦嚕彌

oṃ sarva-tathāgata-pāda-vandanāṃ karomi

⊙三昧耶戒—金剛合掌

金剛合掌，雙手密合，十指指尖交錯，將右手五指置於左手各指之上。

【真言】

三昧邪薩　怛鑁

samayas　tvam

⊙發願・五大願─金剛合掌

⊙普供養三力偈─普供養印

念珠掛在左臂上，作金剛合掌，支撐二食指，內縮成寶形，二大指並立。

【真言】

唵 阿謨伽布惹 麼抳鉢納麼嚩日囉 怛他蘖哆尾路枳帝 三滿多鉢囉薩囉 吽

oṃ amogha-pūja maṇi-padma-vajre tathāgata-vilokite samanta-prasara hūṃ

⊙大金剛輪—大金剛輪印

做雙手內縛，豎立二食指，指頭相支撐，以二中指壓二食指上節，指頭交縛，二大指並立。

【真言】

曩麼悉　咥哩耶墜迦南　路多伽陀南　唵　鞞囉時　鞞囉時　摩訶斫迦囉嚩日哩　薩多薩多　娑囉帝　娑囉帝　怛囉曳　怛囉曳　毗陀麼儞　三盤誓儞　怛囉麼底悉陀揭唎怛嚼炎　娑嚩賀

namas try-adhvikānāṃ tathāgatānāṃ oṃ śikṣā-samuccaya

viraji viraji mahācakra-vajri sattas sattas sārate sārate trāyi

trāyi vidhamani sambhañjani tramati-siddhāgrya tvaṃ svāhā

結界法

⊙金剛橛—地結

以右中指放入左食指與中指之間，以右無名指放入左無名指與小指之間（頭部皆出）。以左中指自右中指背放入右食指與中指之間，以左無名指自右無名指背放入右無名指與小指之間。兩小指與二食指的指頭，均互相支撐。二拇指向下，指尖相接，唸真言一遍，同時以向下壓大地的姿勢下降三次。

【真言】

唵 枳里 枳里 嚩日囉嚩日哩 步囉 滿馱 滿馱 吽 發吒

oṃ kīli kīli vajra-vajri bhūr bandha bandha hūṃ phaṭ

⦿金剛墻—四方結

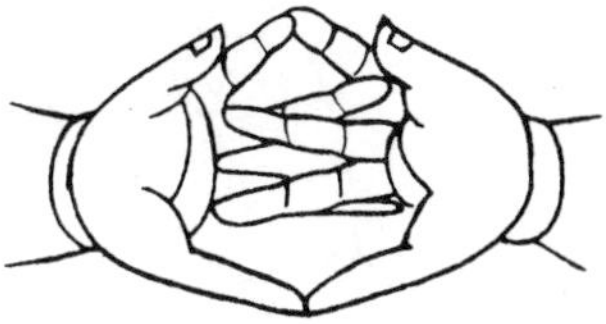

保持地結印的狀態，雙掌分開豎立二拇指，做前墻形，依序旋轉三次。

【真言】

唵　薩羅薩羅　嚩日羅鉢羅迦羅　吽　發吒

oṃ　sāra-sāra　vajra-prākāra　hūṃ　phaṭ

莊嚴道場法

⊙道場觀─如來拳印

左手的蓮華拳是握食指以下的四指，以拇指壓食指中節。右手的金剛拳是以中指、無名指、小指握大指，以食指壓拇指甲。豎起左手蓮華拳的拇指。以右拳小指握左拳拇指。

⊙大虛空藏

做雙手，虛心合掌。外縛二中指，彎曲二食指做寶形，並排二拇指。

【真言】

嗡　誐誐曩三婆嚩嚩日囉　斛

om　gagana-sambhava-vajra　hoḥ

⊙小金剛輪

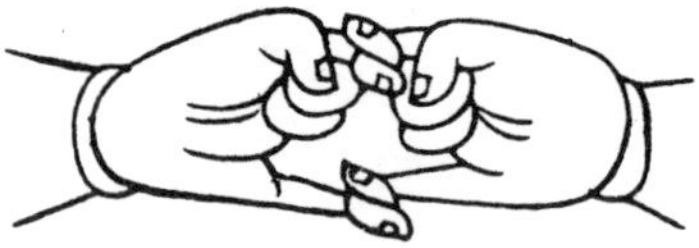

雙手做金拳，鉤結二小指，鉤結二食指完成印。

【真言】

唵　嚩日囉斫訖囉　吽　弱　吽　鑁　斛

oṃ　vajra-cakra　hūṃ　jaḥ　hūṃ　vaṃ　hoḥ

勸請法

◉寶車輅（送車輅）—寶車輅印

雙手做內縛仰起，伸直二食指，指尖相接。掌中六指稍許擴開成蓮座，以大拇指壓二食指根部。

【真言】

唵 覩 嚕 覩 嚕 吽

oṃ turu turu hūṃ

◉請車輅

手印結法如前寶車輅印。

【真言】

曩莫悉底哩耶地尾迦南　怛他蘖路南　唵　嚩日朗儗孃迦囉灑耶　娑嚩賀

namas try-adhvikānāṃ tathāgatānāṃ oṃ vajrāgny ākarṣaya svāhā

◎召請

雙手內縛，豎立右大指。

【真言】

南麼 三曼多勃馱喃 阿 薩婆怛囉鉢囉底訶諦 怛他蘗黨矩奢 菩提浙履
耶 鉢履布 囉迦 莎訶

namaḥ samanta-buddhānāṃ āḥ sarvatrāpratihata tathāgatāṅkuśa
bodhi-carya-paripūraka svāhā

⊙四明

雙手做忿怒拳，雙手背相對合，鉤結二小指、二食指做鉤形。

【真言】

惹　吽　鑁　呼

jaḥ　hūṃ　vaṃ　hoḥ

⊙拍掌舞儀

伸直雙手五指，大拇指橫放掌中。

結護法

⊙金剛網（虛空網）—金剛網印

以右中指放入左食指與中指之間，以右無名指放入左無名指與小指之間（頭部皆出）。以左中指自右中指背放入右食指與中指之間，以左無名指自右無名指背放入右無名指與小指之間。兩小指與二食指的指頭均互相支撐，二拇指向下，指尖相接。唸真言一遍，同時以向下壓大地的姿勢下降三次。

【真言】

唵　尾娑普羅捺　落乞叉　嚩日羅半惹羅　吽　發吒

oṃ　visphurād　rakṣa　vajra-pañjara　huṃ　phaṭ

⊙馬頭

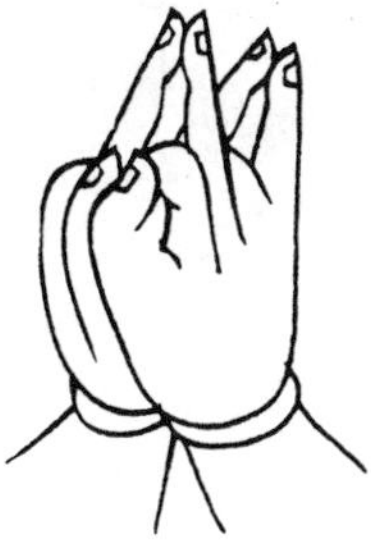

雙手虛心合掌。彎曲二食指、二無名指的第二節，二小指並豎；二拇指並立，從二食指離開，做如馬口形。

【真言】

唵 阿蜜里都納皤嚩 吽 發吒 娑嚩訶

oṃ amṛtodbhava hūṃ phaṭ svāhā

⊙金剛炎（火院）——金剛炎印

以左掌靠右手背。二拇指的面相對，直立成三角形，其他八指散開。

【真言】

唵　阿三莾擬儞　吽　發吒

oṃ　asamāgne　hūṃ　phaṭ

⊙大三昧耶—大三昧耶印

雙手內縛，豎立二中指、指端相對，彎曲二食指如鉤，置於二中指後（稍離中指，不接觸）。

【真言】

唵 商迦隸 摩訶三昧焰 娑縛賀

oṃ śṛikhale mahā-samayaṃ svāhā

供養法

⦿閼伽

1.

左手做閼伽半印。

2.

右手五指伸直，以大指拇壓小指甲，結小三股印。

3.

右手做閼伽半印靠左手，在左右閼伽印上安置閼伽器。

4.

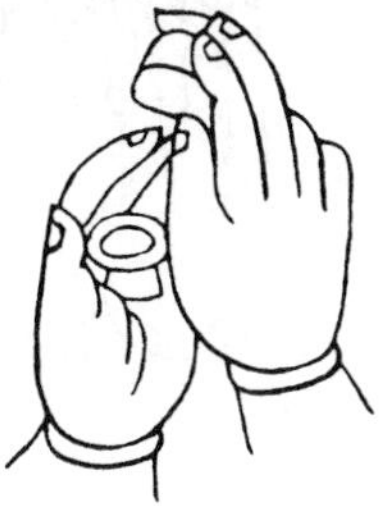

以右拇指、食指二指取器端。

【真言】

南麼　三曼多勃馱喃　伽伽娜三摩三摩　莎訶

namaḥ samanta-buddhānāṃ gagana-samāsama svāhā

◉蓮華座—八葉蓮華印

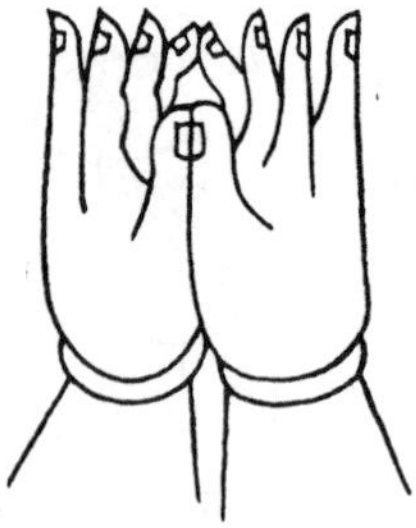

雙手虛心合掌，將二拇指、二小指的指頭相接，中間六指稍許彎曲，作綻放蓮華的花形。

【真言】

唵　迦麻攞　娑嚩賀

oṃ　kamala　svāhā

⦿塗香

右手五指並立，拇指橫放掌中，立臂向外，以左手握右腕。

【真言】

南麼 三曼多勃馱喃 微輸馱健杜納婆嚩 莎訶

namaḥ samanta-buddhānāṃ viśuddha-gandhodbhavāya svāhā

⊙華鬘

雙手內縛，豎立二食指、指頭互相支撐，稍許彎曲成圓形，二拇指在二食指下稍離豎起。

【真言】

南麼　三曼多勃馱喃　摩訶妹咀囉也毘庾蘗帝　莎訶

namaḥ samanta-buddhānāṃ mahā-maitry-abhyudgate svāhā

⊙燒香

雙手掌向上並齊。中指以下三指背對背立起，二食指側相接，伸直二拇指。

【真言】

南麼 三曼多勃馱喃 達摩馱睹弩蘖帝 莎訶

namaḥ samanta-buddhānāṃ dharma-dhātv-anugate svāhā

◎飯食

首先做虛心合掌，食指以下的四指指尖相接，雙手掌向上稍許分開，二拇指靠二食指側。

【真言】

南麼 三曼多勃馱喃 阿囉囉迦羅羅 沫鄰捺娜弭 沫鄰捺泥 摩訶沫嚟 莎訶

namaḥ samanta-buddhānāṃ arara-karara baliṃ dadāmimi baliṃ-dade mahā-baliḥ svāhā

⊙燈明

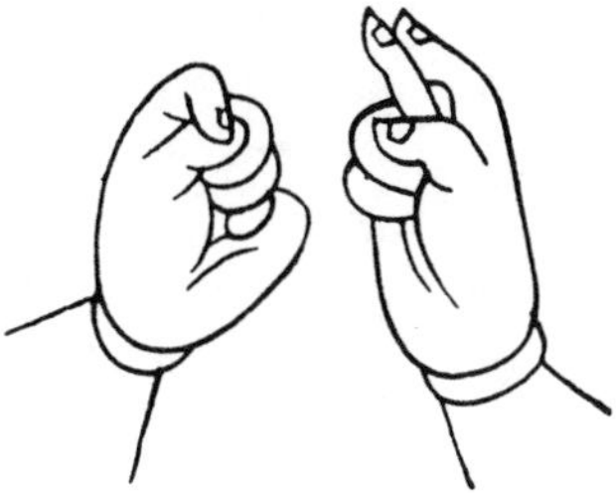

左手做金剛拳置於腰上，以右手拇指壓無名指、小指的指甲，中指豎立，指彎曲放在中指背上。

【真言】

南麼　三曼多勃馱喃　怛他揭多喇旨薩叵囉停嚩婆娑娜伽伽猱陀哩耶　莎訶

namaḥ samanta-buddhānāṃ tathāgatārci-sphuraṇāvabhāsana gaganodārya svāhā

◎四智讚—拍掌作法

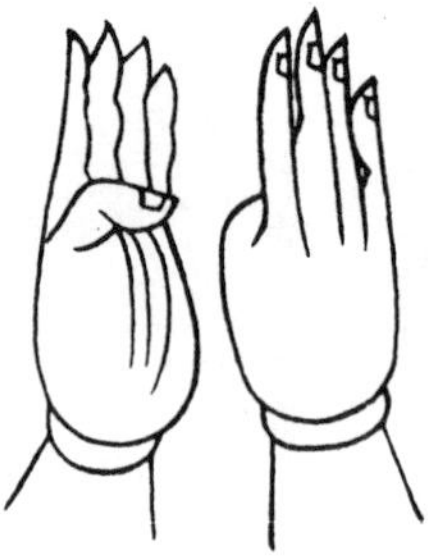

伸直雙手五指，大指橫放掌中。三度舞儀拍掌。

【真言】

唵 嚩日囉薩怛嚩僧蘗囉賀 嚩日囉囉怛那麼努怛嚂 嚩日囉達摩誐耶奈
嚩日囉羯磨迦嚕婆嚩

oṃ vajra-satva-saṃgrahād vajra-ratnam anuttaraṃ vajra-dharma-
gāyanaiś ca vajra-karma-karo bhava

⊙本尊讚——金剛合掌

金剛合掌，雙手密合，十指指尖交錯，將右手五指置於左手各指之上。

⊙廣大不空摩尼供

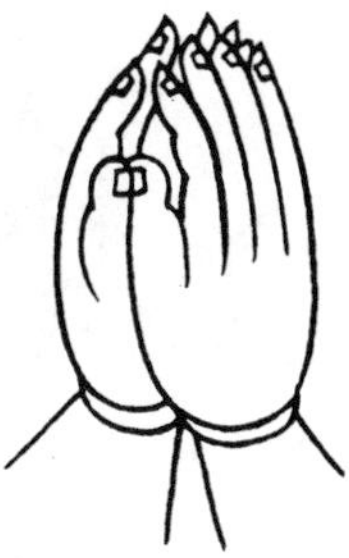

兩掌相合，十指合攏，兩掌之中稍成虛圓不密合。

⊙入我我入－彌陀定印

雙手交叉，兩拇指輕豎相觸二食指中節直豎背相合，以兩食指端撐接拇指，此外，小指、無名指、中指六指相交叉，襯著拇指暨食指。

⊙本尊根本印（本尊加持(一)）

先做虛心合掌，二大拇指、食指彎曲為幢形，表三瓣寶珠，表本尊三昧耶形。

⊙心真言（本尊加持㈡）——心祕密印

雙手外縛，二中指伸展略彎，指尖相觸，二食指同中指，二拇指並立。

⊙心中心真言（本尊加持㈢）——隨心印

雙手外縛，二大拇指並立，二無名指、食指伸展略屈，指尖相觸，二小指相叉。

◎加持念珠

用左手拿取念珠，纏於左手無名指以下四指，作三匝放置於右掌，燒香時焚香三次，其次依左右左的順序移轉，放入合掌而貼緊胸前。

◎觀念時

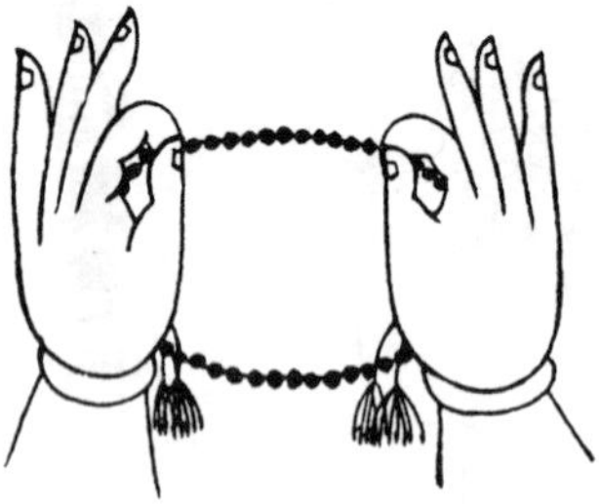

把念珠旋轉三次，旋轉真言三遍。

⊙唱真言時

誦主佛咒一〇八遍。

⊙字輪觀—彌陀定印

雙手交叉，兩拇指輕豎相觸，二食指中節直豎指背相合，以兩食指端撐接拇指，此外，小指、無名指、中指六指相交叉襯著拇指暨食指。

◎散念珠

◎散念誦

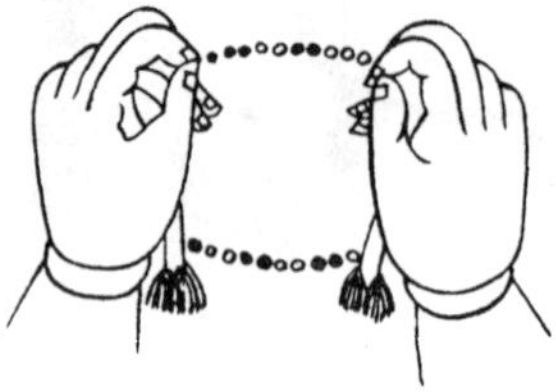

⊙拍掌

1\.

伸直雙手五指，拇指橫放掌中，於胸前作三次舞儀（旋轉）。

2\.

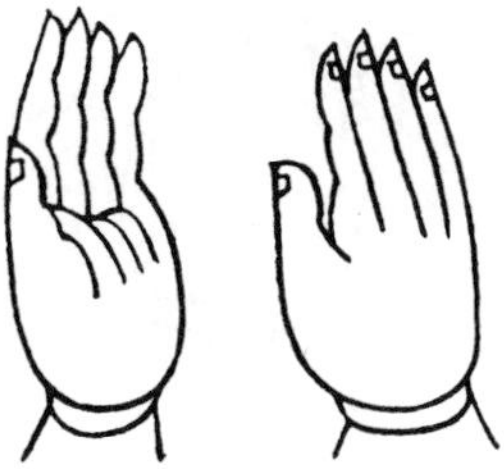

拍掌三次。

⊙華投（撥遣）

外縛，兩中指豎起，指端相合，持一時華。

第3篇

金剛界法手印

第一章 金剛界法簡介

金剛界法是金剛界曼荼羅諸本尊的供養法。

金剛界（梵名 vajra-dhātu）略稱金界。是根據《金剛頂經》、《大教王經》所說，此金剛界由佛部（中）、金剛部（東）、寶部（南）、蓮華部（西）、羯磨部（北）等五部組成。表大日如來的智法身，其體堅固猶如金剛，能摧破一切煩惱，所以稱爲金剛界。此界具有「智」、「果」、「始覺」、「智證」諸義。

此金剛界如果以圖顯示，稱爲金剛界曼荼羅。在現圖曼荼羅中，金剛界共有九會，但周圍八會都是依止中央的羯磨會，而示現其別德妙用。羯磨會的中台有五大月輪，五佛安坐其上。

五佛即五部，中央大日如來是佛部，顯現理智具足，大覺圓滿。

東方阿閦如來是金剛部，屬於菩提心發生之位，相當於四季中的春天，代表萬物生長的妙德。

南方寶生如來是寶部，屬於已生菩提心的熾盛位，如同夏季草木的繁茂。

西方無量壽如來是蓮華部，乃是證得菩提果之位，以大悲心入於生死界，爲衆生說法除其疑惑，如同秋天草木結爲果實。

北方不空成就如來是羯磨部，代表成辦事業之位，如同冬天萬物休止，而貯藏入春天可發生的作用能力。

阿閦佛等四佛是大日如來的別德，所以五部是由佛部開展而成的。

金剛界曼荼羅簡介

金剛界曼荼羅（Vajra-dhātu-maṇḍala）是金剛界中九會曼荼羅（九種曼荼羅）的合稱。金剛界曼荼羅這一名稱的由來，在《現證三昧大教王經》卷五〈金剛界大曼荼羅廣儀軌分〉中說：「復次，我今當演說，最上廣大曼荼羅，其相猶如金剛界，是故名爲金剛界。」可以了知。

金剛界曼荼羅，是大日如來及諸佛菩薩，在色究竟天宮及須彌山頂的集會場，所依止的是如金剛般堅固不壞的智慧體性所建立，因此名爲金剛界。

在《祕藏記》中說：「胎藏者理也，金剛者智也，界者身也。持金剛者身，身即聚集義也，言一身聚集無量身。」在此金剛界大日如來屬智身，胎藏界大日如來屬理身。由聚集無量無邊的如來金剛智體，而成就金剛界大日如來。

一般所稱的金剛界九會曼荼羅，是指初會〈金剛界品〉中所說六種曼荼羅：金剛界大曼荼羅、陀羅尼曼荼羅、微妙金剛曼荼羅、供養羯磨曼荼羅、四印曼荼羅、一印曼荼羅。

以下介紹金剛界九會：

1.成身會

金剛九會中央的成身會又叫羯磨會，也就是〈金剛界品〉中所說六種曼荼羅中的金剛界曼荼羅，是金剛界九會曼荼羅的根本，屬於四種曼荼羅中的大曼荼羅。在此，真言行者觀想會中諸尊而成就佛身佛果，所以稱爲成身會。又因爲此會表示諸尊的威儀事業，所以又叫做羯磨會。

2.三昧耶會

第二會名爲三昧耶會。三昧耶會位於金剛九會的東方，屬於四種曼荼羅中的三昧耶曼荼羅，以塔、杵、蓮華、珠、刀、劍、器杖等持物標幟，代表成身會中諸尊。

這些標幟都是諸尊自證化他的本誓所示現的相狀，所以稱爲三昧耶形。眾生一見這些三昧耶形，就能了解代表何尊及其本願誓句，如：見到塔就了知這是大日如來的標幟，見到金剛杵和蓮花就知道這是阿閦佛及阿彌陀佛的標幟。

3. 微細會

第三會爲微細會，此會位於九會中的東南方，曼荼羅諸尊，都住於三股金剛杵中，以其甚微細，幽玄難知，所以稱爲微細會。而微細幽玄之相，等同於文字曼荼羅，所以屬於四種曼荼羅中的法曼荼羅。本會圖像大抵相同於成身會，不過各尊都畫在三股杵裏面，表示住於微細妙智慧中。

4. 供養會

第四會爲供養會，在南方，屬於羯磨曼荼羅，因爲諸尊各各表現都捧著自身的三昧耶形於蓮華之中，以現供養承事心王大日如來的儀式，以供養爲事業，所以稱爲供養會。

5. 四印會

第五會爲四印會，在西南方，是融合以上大、三昧耶、法、羯磨四種曼荼羅而使之不離，會四種曼荼羅於一處，所以稱爲四印會。

6. 一印會

第六會爲一印會，在西方，表示大日如來獨一法身，四曼會歸於一實相，六大體相究竟不二之理，所以稱爲一印會。

以上六種曼荼羅，都是以大日如來爲中心，是顯示法界的體性，佛陀的本地，在佛的三輪業用中屬於「自性輪身」的曼荼羅。

7. 理趣會

第七理趣會，在西北方，以總攝如來五智的金剛薩埵爲主，屬於以正法廣化眾生的「正法輪身」曼荼羅。

8. 降三世會

第八降三世會，在北方，以諸尊都示現忿怒的降三世明王身，表示降伏剛強難化的眾生，如大自在天及四魔、三毒等惡性。

9. 降三世三昧耶會

第九降三世三昧耶會，在東北方，大意與降三世會同，但此會則是畫降三世的三昧耶形，這兩會都是示現大日如來心中的金剛薩埵所化現的忿怒「教令輪身」爲主。忿怒明王受佛教令，爲調伏剛強難化的大自在天（即根本無明）等，以大悲心，而示現究極的忿怒之用。

金剛界三十七尊

◎金剛界三十七尊

在金剛界諸尊中，以其中的三十七尊爲重要，稱爲金剛界三十七尊。這三十七尊包括：

1.五佛，即大日如來、阿閦如來、寶生如來、無量壽如來、不空成就如來。

2.四波羅蜜菩薩，乃是大如來如的四親近，由大日如來所出生，表示四佛的定德。即金剛波羅蜜菩薩、寶波羅蜜菩薩、法波羅蜜菩薩、羯磨波羅蜜菩薩。

3.十六大菩薩，即：(1)阿閦如來的四親近菩薩：金剛薩埵、金剛王菩薩、金剛愛菩薩、金剛喜菩薩，(2)寶生如來的四親近菩薩：金剛寶菩薩、金剛光菩薩、金剛幢菩薩、金剛笑菩薩，(3)無量壽如來的四親近菩薩：金剛法菩薩、金剛利菩薩、金剛因菩薩、金剛語菩薩，(4)不空成就如來的四親近菩薩：金剛業菩薩、金剛護菩薩、金剛牙菩薩、金剛拳菩薩。

4.八供養菩薩，有內外之分。內四供養是大日如來爲供養四佛而流出者，即嬉、鬘、歌、舞四菩薩。外四供養是四佛爲供養大日如來而流出者，即香、華、燈、塗香四菩薩。

5.四攝菩薩，乃從大日如來心中流出，將一切眾生引入曼荼羅，表授給果地之法的化他之德，即鉤、索、鏁、鈴四菩薩。

以下介紹金剛界三十七尊：

1.毗盧遮那如來

毗盧遮那如來（梵名 Vairocana），譯作遍照、光明遍照、淨滿、三業滿、廣博嚴淨等，即佛的報身或法身。

由於如來智慧之光遍照一切，能使無邊的法界普放光明，能開啟眾生本具之佛性，成辦一切世間出世間之種種事業，所以名爲「大日」。

金剛界大日如來，象徵摧壞眾生煩惱，把降伏煩惱的智慧比喻爲「金剛」，表示其堅固不壞，代表著如來智慧的世界。

2. 金剛波羅蜜菩薩

金剛波羅蜜菩薩（梵名 Vajrapāramitā），爲金剛界四波羅蜜菩薩之一，從智法身大日如來的菩提心所出生。

安住於毗盧遮那如來前方月輪，由於金剛波羅蜜加持的緣故，能使行者證得圓滿周法界遍虛空的大圓鏡智。

3. 寶波羅蜜菩薩

寶波羅蜜菩薩（梵名 Ratnapāramitā），爲金剛界四波羅蜜菩薩之一，從智法身大日如來的諸善萬行功德寶藏所出生。由於寶波羅蜜菩薩加持的緣故，能使行者於無邊眾生世間及無邊器世間，證得平等性。

4. 法波羅蜜菩薩

法波羅蜜菩薩（梵名 Dharmapāramitā），爲金剛界四波羅蜜菩薩之一，從智法身大日如來的自性清淨蓮華智所出生。爲了使一切菩薩受用三摩地智慧緣故，化現爲法波羅蜜菩薩，安住毗盧遮那如來後邊的月輪。由於法波羅蜜菩薩加持的緣故，能使行者於無量三昧陀羅尼門諸解脫法中，得證妙觀察智。

5.羯磨波羅蜜菩薩

羯磨波羅蜜菩薩（梵名 Karmapāramitā），爲金剛界四波羅蜜菩薩之一，從智法身大日如來的大精進智所出生。

由於羯磨波羅蜜菩薩加持的緣故，能使行者於無量雜染世界、清淨世界中安立，證得成所作智。

6.阿閦如來

阿閦如來（Akṣobhya），爲東方妙喜世界的佛陀，或譯爲阿閦鞞佛、阿閦婆佛，譯作不動、無動、無怒、無瞋恚。

阿閦如來爲金剛界五方佛之一，是由大日如來大圓鏡智所流出之金剛平等覺身，象徵一切諸佛平等之特德。初發菩提心者，由於阿閦佛加持的原故，能成證圓滿菩提心。

7.金剛薩埵

金剛薩埵（梵名 Vajrasattva），爲東方阿閦如來四親近菩薩之一，從一切如來菩提堅牢之體性所出生，金剛界十六菩薩之一。

由於金剛薩埵加持的緣故，能使行者於剎那猛利心，頓證無上菩提。

8.金剛王菩薩

金剛王菩薩（梵名 Vajrarāja），爲東方阿閦如來四親近菩薩之一，從一切如來菩提四攝之體性所出生，金剛界十六菩薩之一。

由於金剛王菩薩加持的緣故，能使行者於一切有情所利益安樂之法門中，圓滿具足四攝法門。

9. 金剛愛菩薩

金剛愛菩薩（梵名 Vajrarāga），爲東方阿閦如來四親近菩薩之一，從一切如來菩提無染淨之體性所出生，金剛界十六菩薩之一。

由於金剛愛菩薩加持的緣故，能使行者於無邊有情出生無緣大悲，不曾間斷。

10. 金剛喜菩薩

金剛喜菩薩（梵名 Vajrasādhu），爲東方阿閦如來四親近菩薩之一，從一切如來菩提隨喜讚歎之體性所出生，金剛界十六菩薩之一。又作金剛稱菩薩、金剛善哉菩薩、歡喜王菩薩。別名摩訶悅意菩薩、妙薩埵上首菩薩、金剛首菩薩。

由於金剛喜菩薩加持的緣故，行者對於一切善法能渴仰無厭足，見到眾生微小的善行也能隨喜讚歎。

11.寶生如來

12.金剛寶菩薩

寶生如來（梵名Ratnasambhava），又稱寶生佛。爲金剛界五佛之一，位於金剛界曼荼羅成身會等五解脫輪中，正南月輪中央的如來。

此如來以摩尼寶福德聚功德，成滿一切眾生所願，更予以三界法王位的灌頂，使自他平等，故被攝入五部中的寶部，主五智中的平等性智。

金剛寶菩薩（梵Vajraratna），爲南方寶生如來四親近菩薩之一，象徵一切如來廣大莊嚴而出生此菩薩，爲金剛界十六菩薩之一。

13. 金剛光菩薩

由於金剛寶菩薩加持的緣故，能使行者證得無染智，猶如虛空廣大圓滿。

金剛光菩薩（梵名 Vajrateja），爲南方寶生如來四親近菩薩之一，象徵一切如來廣大威德照耀而出生此菩薩，爲金剛界十六菩薩之一。

由於金剛光菩薩加持的緣故，行者能證得智慧光明，宛如日輪，無不照耀。

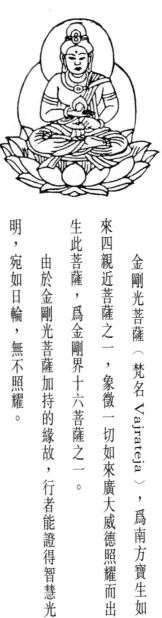

14. 金剛幢菩薩

金剛幢菩薩（梵名Vajraketu），爲南方寶生如來四親近菩薩之一，象徵一切如來廣大圓滿一切眾生所願，而出生此菩薩，金剛界十六菩薩之一。

由於金剛幢菩薩加持的緣故，能滿足一切有情世間及出世間的希願，就如同真多摩尼寶幢，心無分別，皆令眾生滿足。

15. 金剛笑菩薩

金剛笑菩薩（梵名Vajrahāsa），爲南方寶生如來四親近菩薩之一，象徵一切如來廣大歡樂而出生此菩薩，金剛界十六菩薩之一。又稱摩訶笑菩薩、摩訶希有菩薩、金剛歡喜菩薩等。

由於金剛笑菩薩加持的緣故，一切有情如果有見聞者，則心生踊躍，於法能得到決定，受用法之利樂。

16. 無量壽如來

無量壽如來（梵名 Amitāyus），即阿彌陀佛。所以阿彌陀佛具有無量光、無量壽的意義。

金剛界中的無量壽如來，是從大日如來之妙觀察智所流出的四如來之一，代表一切如來妙觀察之智慧。由於無量壽如來加持的緣故，一切眾生之語輪皆能演說無量修多羅法門。

17. 金剛法菩薩

金剛法菩薩（梵名Vajradharma），爲金剛界西方無量壽如來四親近菩薩之一，自一切如來自在無染智慧所出生，爲金剛界十六菩薩之一。又稱金剛眼菩薩。

由於金剛法菩薩加持的緣故，行者能證得諸法本性清淨，悉能演說微妙法門，了知一切法皆如《金剛經》中之筏喻，不可執著。

18. 金剛利菩薩

金剛利菩薩（梵名Vajratiksṇa），爲金剛界西方無量壽如來四親近菩薩之一，自一切如來永斷習氣

的智慧所出生，爲金剛界十六菩薩之一。

由於金剛利菩薩加持的緣故，行者能以般若波羅蜜劍，斷除自他無量雜染結使煩惱等一切諸苦。

19. 金剛因菩薩

20. 金剛語菩薩

金剛因菩薩（梵名 Vajrahetu），爲金剛界西方無量壽如來四親近菩薩之一，自一切如來轉大法輪之智慧所出生，金剛界十六菩薩之一。位於無量壽如來之北方。由於金剛因菩薩加持的緣故，於無量諸佛世界，祈請一切如來轉妙法輪。

金剛語菩薩（梵名 Vajrabhāṣa），爲金剛界西方無量壽如來四親近菩薩之一，自一切如來遠離一切言說戲論之智慧所出生，金剛界十六菩薩之一。又稱

21.不空成就如來

金剛語言菩薩、無言菩薩。由於此尊加持，得以六十四種法音遍至十方，眾生同霑法益。象徵無量壽如來為眾生說法內證之德。

由於金剛語菩薩加持的緣故，以六十四種法音遍至十方，隨順眾生的不同類別，皆成就法益。

不空成就如來（梵名 Amoghasiddhi），金剛界五佛之一，為位於大日如來之北方月輪中央的如來。

不空成就如來以大慈方便，能成一切如來事業及度化眾生事業，由於其善巧智慧方便，能成就一切有情菩提心，畢竟不退。安住菩提道場，降伏魔眾，能變化珍寶滿虛空，故攝入五部中之業部，主五智中之成所作智。其四方安置金剛業、金剛護、金剛牙、金剛拳等四菩薩。

22. 金剛業菩薩

金剛業菩薩（梵名 Vajrakarma），爲金剛界北方不空成就如來四親近菩薩之一，自一切如來善巧工藝門所出生，金剛界十六菩薩之一。

由於金剛業菩薩加持的緣故，行者於無邊佛剎海會，成就廣大供養儀軌莊嚴。

23. 金剛護菩薩

金剛護菩薩（梵名 Vajrakṣa），爲金剛界北方不空成就如來四親近菩薩之一，自一切如來大慈鎧冑所出生，金剛界十六菩薩之一。

由於金剛護菩薩加持的緣故，行者得以被大誓願莊嚴甲冑，迴入生死廣作菩薩，導引撫育一切有情，置於佛法。

24. 金剛牙菩薩

25. 金剛拳菩薩

金剛牙菩薩（梵名 Vajrayakṣa），爲金剛界北方不空成就如來四親近菩薩之一，自一切如來無畏調伏門所出生，金剛界十六菩薩之一。又稱金剛藥叉、金剛摧伏菩薩。別名摩訶方便菩薩、甚可怖畏菩薩、金剛上菩薩、金剛暴惡菩薩、摧伏魔菩薩。

由於金剛牙菩薩加持的緣故，行者能摧毀天魔一切外道，能戰勝無始煩惱怨敵。

金剛拳菩薩（梵名 Vajrasandhi），爲金剛界北

26. 金剛嬉菩薩

27. 金剛鬘菩薩

方不空成就如來四親近菩薩之一，自一切如來住持成就門所出生，爲金剛界十六菩薩之一。

由於金剛拳菩薩加持的緣故，行者於身、語、意三密相應的法門，無量真言三昧印契合成一體。

金剛嬉菩薩（梵名 Vajralāsi），爲金剛界內四供養菩薩之一。

由於金剛嬉戲菩薩加持的緣故，一切眾生於受用法圓滿快樂，得受用智慧自在。

金剛鬘菩薩（梵名 Vajramāla），爲金剛界內四供養菩薩之一。

28. 金剛歌菩薩

29. 金剛舞菩薩

由於金剛鬘菩薩加持的緣故，能證得三十七菩提分法花鬘，以爲莊嚴。

金剛歌菩薩（梵名 Vajragītā），爲金剛界內四供養菩薩之一。

由於金剛歌菩薩加持的緣故，能得如來微妙音聲，使聞者喜樂聽聞，安住於聖德而解脫，覺了諸法，猶如呼響，空虛不實。

金剛舞菩薩（梵名 Vajranṛtyā），爲金剛界內四供養菩薩之一。

由於金剛舞菩薩加持的緣故，能證得剎那迅疾分身，頓至無邊世界。

30. 金剛燒香菩薩

金剛燒香菩薩（梵名Vajradhūpā），爲金剛界外四供養菩薩之一。

由於金剛燒香菩薩加持的緣故，能證得如來悅意無礙智香。

於理趣會此尊又名欲金剛女。

31. 金剛華菩薩

金剛華菩薩（梵名Vajrapuṣpā），爲金剛界外四供養菩薩之一。又稱金剛散華菩薩、金剛妙華菩薩、金剛覺花侍女金剛。

由於金剛華菩薩加持的緣故，能開解一切眾生的煩惱淤泥，並生出覺意妙花。於理趣會此尊又名觸金

32. 金剛燈菩薩

33. 金剛塗香菩薩

剛女。

金剛燈菩薩（梵名 Vajrālokā），爲金剛界外四供養菩薩之一。

由於金剛燈明菩薩加持的緣故，能使一切眾生獲得五眼清淨無礙，自利利他，明照萬法，自在無礙。

於理趣會中，此尊又名愛金剛女。

金剛塗香菩薩（梵名 Vajragandhā），爲金剛界外四供養菩薩之一。

由於金剛塗香菩薩加持的緣故，能證得佛陀五種無漏清淨法身。

於理趣會中此尊又名慢金剛女。

34. 金剛鉤菩薩

金剛鉤菩薩（梵名 Vajrāṅkuśa），爲金剛界四攝菩薩之一，以布施守護一切眾生之菩提心。

由於金剛鉤菩薩加持的緣故，能證得召集一切聖眾速疾降臨三昧。

此尊於理趣會中又稱爲色金剛。

35. 金剛索菩薩

金剛索菩薩（梵名 Vajrapāśa），爲金剛界四攝菩薩之一，以愛語守護一切眾生之功德。

由於金剛索菩薩加持的緣故，能證得如虛空般無障礙的善巧智慧。

此尊於理趣會中又稱爲聲金剛。

36.金剛鏁菩薩

金剛鏁菩薩（梵名 Vajrasphoṭa），爲金剛界四攝菩薩之一，以利行守護一切眾生之智慧。

由於金剛鏁菩薩加持的緣故，能證得諸佛堅固無染觀察大悲解脫。

此尊於理趣會中又稱爲香金剛。

37.金剛鈴菩薩

金剛鈴菩薩（梵名 Vajrāveśa），爲金剛界四攝菩薩之一，以同事守護一切眾生之精進，不使懈怠。

由於金剛鈴菩薩加持的緣故，能證得如來般若波羅蜜音聲，聽聞者能摧毀阿賴耶識中一切惡的種子。

此尊於理趣會中又稱爲味金剛。

金剛界基本觀法

金剛界的基本觀法爲五相成身觀。在五相成身觀之前，又有四無量觀。以下簡介四無量觀及五相成身觀心要。

⊙四無量觀

四無量，又作四無量心、四等心、四等、四心，是佛菩薩本尊爲普渡無量眾生，使其離苦得樂所應具有之四種精神：

1.緣於無量眾生，思惟使他們得樂的方法，而證入「慈等至」的定境，稱爲慈無量。

2.緣於無量眾生，思惟使他們離苦的方法，而證入「悲等至」的定境，稱爲悲無量。

3.思惟無量眾生能夠離苦得樂，內心深感喜悅，而證入「喜等至」的定境，稱爲喜無量。

4.思惟無量眾生一切平等，沒有怨親之別，而證入「捨等至」的定境，稱爲捨無量。

據《增一阿含經》記載，修四等心能得超欲界天，而至於梵天處，故四無量又稱四梵至、四梵處、四梵行。據《俱舍論》記載，無量一詞有三種意義：⑴以無量的眾生爲此四心所緣，⑵此四心能牽引無量的福德，⑶此四心能夠招感無量的果報。

金剛界法中，修持四無量觀之心要如後：

1.慈無量心

以清淨心觀想一切有情皆具有如來清淨自性，具備身、口、意金剛，行者以自身修三密功德力加持故，願一切有情等同普賢菩薩。

2.悲無量心

以悲愍心思惟一切有情沉溺生死，不能悟清淨自心，妄生分別，行者以自身修三密功德力加持故，願一切有情等同虛空藏菩薩。

眾生若悟自心本具無量功德，不惑於生滅法，則能顯現虛空藏清淨自性。

3.喜無量心

以清淨心思惟一切有情本來清淨，猶如蓮華不染客塵，行者以自身修持三密功德力加持故，願一切有情等同觀自在菩薩。隨喜功德能開敷自心蓮花藏。

4.捨無量心

以平等心思惟一切有情脫離能所對立，了知心本寂滅，行者以自身修持三密功德力加持故，願一切有情等同虛空庫菩薩。

入涅槃心萬法盡捨，則能隨機興起一切法事，如虛空庫應用如意。

⊙金剛界基本觀法——五相成身觀

五相成身觀是金剛界的基本觀法，也是本尊瑜伽的重要基礎，任何修習本尊瑜伽的行人，都應通達這個觀法，將使本尊瑜伽易於證得。

五相成身觀，基本上就是要將凡夫身轉成金剛佛身的重要觀行，但這個觀行需要從清淨的佛種——菩提心中出生，而菩提心涵蓋悲智二義，因此，也就是從悲智種性的菩提心中出生，最後從心到身徹底轉化以成就佛身。

而五相即是「通達菩提、修菩提心、成金剛心、證金剛身、佛身圓滿」，爲行者成就本尊身所應具備之五相。行者次第縱觀五相而得「即身成佛」，即通達本身中本有性德之菩提心後，進而觀自心清淨如滿月，而爲修菩提心；再觀本尊之三昧耶形，並依廣觀、斂觀，而成金剛心，證得自身與諸佛之融通無礙，能使行者之身即成本尊三昧耶身之證金剛身，最後完成觀行後，佛身圓滿與佛無二無別。

五相成身之觀法者，爲即身成佛之要道，頓證菩提心祕術，是金剛界的基本觀法。

以下略說修持五相成身觀之根本心要：

首先結跏趺坐，手結金剛定印，閉目澄靜心思，氣息極爲細密，實相自然現前，一塵不染，觀想空中諸佛，忽然遍現，彈指驚覺行者，令其現起佛性，行者受到誥勑，敬禮諸佛，虔誠請求開示，蒙聖眾示現五境，遞授真言，於定中涵泳。

1. 通達本心（通達菩提心）

通達實相義理，了知身心皆由個人的業力所造成，而佛則出自法身，因此先得觀想心之本質。

2.修菩提心

於無所得中，觀清淨圓明　大如八寸之明月，晶瑩遍徹胸際，乃大圓鏡智凝集所成，遍照一切種性，皆賅攝於其中。

3.證得金剛心

於心月輪上觀五股金剛杵如心一樣大，再放大如身量，再觀如關房之大，續觀大如虛空，終於超越虛空：如法界一樣大之金剛杵。接著進行逆觀，觀五股金剛杵由如法界般大而愈縮愈小，小至退藏於密。

4.成金剛身

觀五股金剛杵如虛空，既遍十方，還復收斂，小如種子，最後等自身量、法界所鍾，大雄無畏，住地無明，一時頓破。

5.佛身圓滿（現普賢身）

爲了攝受眾生，同入於佛境，而現普賢身，其身光明皎潔，頂戴五智冠，備莊嚴相，以白蓮爲座，左鈴右杵。

以上爲五相成身觀法心要。

金剛界法次第

金剛界法修持廣次第，主要出於《金剛頂瑜伽蓮華部心儀軌》，由此整理出來的金界界法念誦次第有多種不同儀軌。本書所使用之次第，以《金剛界念誦私記》爲主。以下介紹金剛界法廣次第：

【上堂行願分】

1.三密觀—蓮華合掌
2.淨三業—蓮華合掌
3.佛部三耶印
4.蓮華部三耶印
5.金剛部三耶印
6.被甲護身
7.開道場門觀—無能勝明王印
8.辟除結界
9.壇前普禮—金剛合掌
10.著座普禮—金剛合掌
11.三密觀—蓮華合掌
12.加持供物—小三股印
13.覽字觀—金剛合掌
14.淨地—金剛合掌
15.淨身
16.淨三業

17.佛部心三昧耶
18.蓮華部心三昧耶
19.金剛部心三昧耶
20.後被甲
21.觀佛—金剛合掌
22.金剛起
23.四禮—金剛合掌
24.金剛持遍禮
25.舞儀
26.普供養、三力

【三昧耶戒分】

27.四無量觀
28.勝願
29.大金剛輪
30.金剛橛—地結
31.金剛墻—四方結
32.金剛眼
33.金剛合掌
34.金剛縛
35.開心
36.入智
37.合智
38.普賢三昧耶
39.極喜三昧耶
40.降三世
41.蓮華部三昧耶
42.法輪
43.大欲
44.大樂不空身
45.召罪
46.摧罪
47.業障除
48.成菩提心—箭印

【成身加持分】

49.修菩提心（妙觀察智）——彌陀定印
50.四佛加持
51.五佛灌頂
52.四佛繫鬘
53.甲冑
54.結冑
55.旋舞
56.拍掌
57.金剛合掌
58.現智身
59.見智身
60.四明
61.成佛

【道場莊嚴分】

62.道場觀——大羯磨印
63.曼荼羅總觀——如來拳印
64.大虛空藏
65.小金剛輪

【奉請結護法】

66.啟請
67.開門
68.啟請伽陀
69.金剛王
70.百八名讚——金剛合掌
71.四攝
72.金剛拍
73.聖不動結界護身
74.金剛網（虛空網）
75.金剛炎（火院）

76.大三昧耶

【供養讚嘆分】

77.閼伽

79.蓮華座

81.羯磨會——大羯磨印

五佛

四波羅蜜菩薩

十六菩薩

八供菩薩

四攝菩薩

賢劫十六尊

廿天

82.三昧耶會

五佛

十六菩薩

八供菩薩

四攝菩薩

78.五部百字

80.振鈴

83.大供養會——外縛印

五佛

四波羅蜜菩薩

十六菩薩

十七雜供養

十波羅蜜菩薩

84.四印會

85.摩尼供養

86.事供

87.四智讚——金剛合掌

88.垂帶

89.舞儀

90.拍掌

91. 三力
92. 小祈願
93. 普供養

【念誦修習分】

94. 佛眼
95. 本尊羯磨加持
96. 五部百字
97. 入我我入觀——彌陀定印
98. 羯磨加持

【後供方便分】

99. 八供
100. 普供養
101. 後供養
102. 閼伽
103. 後鈴
104. 神分
105. 祈願
106. 四智讚
107. 小祈願
108. 禮佛名號——迴向
109. 至心迴向
110. 解界
111. 大三昧耶
112. 火院
113. 網界
114. 不動
115. 降三世
116. 墻界
117. 地結
118. 解三昧耶拳

119.解羯磨拳
121.四佛加持
123.結冑
125.拍掌
127.被甲
129.搯念珠
131.出道場

120.撥遣
122.甲冑
124.舞儀
126.三部
128.普禮——金剛合掌
130.下禮盤

第二章 金剛界法手印

上堂行願分

◉三密觀——蓮華合掌

◉淨三業

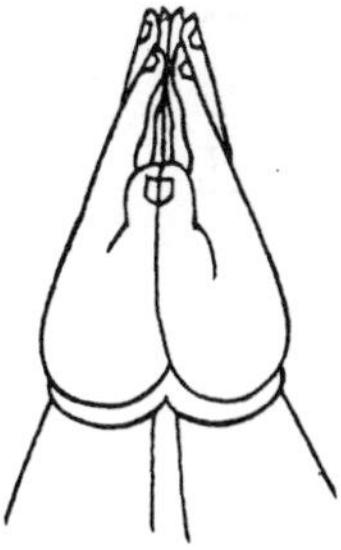

食指並齊，兩手手掌相離，隆起結合（僅結合十指尖），作蓮華合掌。

蓮花合掌，在五處加處，每處各唸一次真言。

【真言】

唵 薩嚩婆嚩秫馱 薩嚩達摩 薩嚩婆嚩秫度憾

oṃ svabhāva-śuddhāḥ sarva-dharmāḥ svabhāva-śuddho'ham

⊙佛部三昧耶

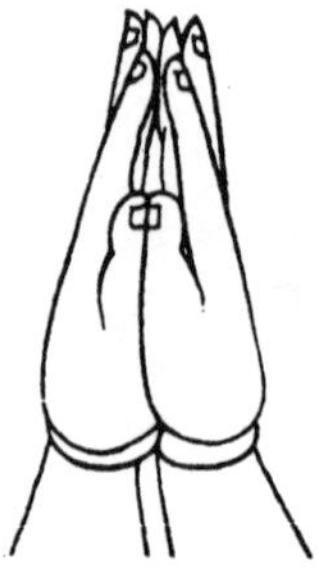

雙手虛心合掌，次打開二拇指、食指，微曲二食指靠在二中指之上節，分開二大指，各在二食指的下節捻文（亦即用大指腹壓食指內側。）

【真言】

唵 怛他蘖都納婆嚩也 娑嚩訶

oṃ tathāgatodbhavāya svāhā

◉蓮華部三昧耶

雙手虛心合掌，將二拇指、二小指的指頭相接，中間六指稍許彎曲如綻放蓮華的花形。

【真言】

唵　跛娜謨納婆嚩也　婆嚩訶

oṃ　padmodbhavāya　svāhā

⊙金剛部三昧耶

雙手左覆右仰，手背相對。以右拇指與左小指相交叉，以左拇指與右小指相交，中間的六指分開貼在手背上，如三鈷杵之形。

【真言】

唵　嚩日盧納婆嚩也　娑嚩訶

oṃ　vajrodbhavāya　svāhā

⦿被甲護身

以二小指、無名指之右壓左，曲入掌中相交，二中指中豎，指尖相接；將二食指申立於二中指後，做成鉤形，但不與中指背相接；二拇指並豎，壓二無名指邊側。

【真言】

唵　嚩日羅銀儞鉢囉捻跛路也　娑嚩訶

oṃ　vajrāgni-pradīptāya　svāhā

◉開道場門觀—無能勝明王印

舒雙手五指，以右掌覆左手背，右拇指入左掌，以左拇指捻右拇指指背，便以右食指彈指作聲。

◉辟除結界

二手作金剛拳，各舒食指，以左印當心，右印稍上，誦吽字三遍，後印身五處，每處誦吽字一遍。

【真言】

吽

hūṃ

⊙壇前普禮—金剛合掌

金剛合掌，雙手密合，十指指尖交錯，將右手五指置於左手各指之上。

【真言】

唵　薩嚩怛他孽多播那滿娜曩　迦嚕彌

oṃ　sarva-tathāgata-pāda-vandanāṃ　karomi

⊙著座普禮—金剛合掌

雙手密合，十指指尖交錯，將右手五指置於左手各指之上。

【真言】

唵　跋折囉若哩

oṃ　vajrāñjali

⊙三密觀—蓮華合掌

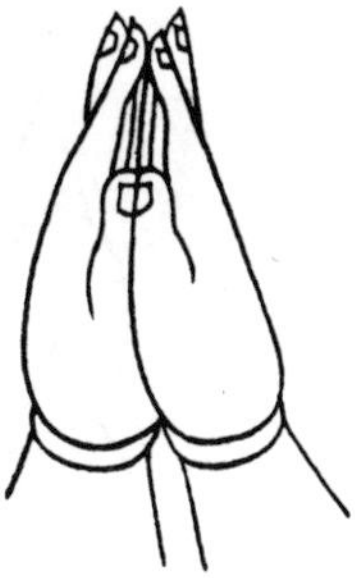

兩掌相合，十指合攏，兩掌之中稍成虛圓不密合。

⊙加持供物—小三股印

舒右手食指、中指、無名指，以大拇指面押小指甲，即軍荼利印。

【真言】

唵　儞遜婆　嚩日囉　吽　發吒

oṃ niśumbha-vajra huṃ phaṭ

⊙覽字觀—金剛合掌

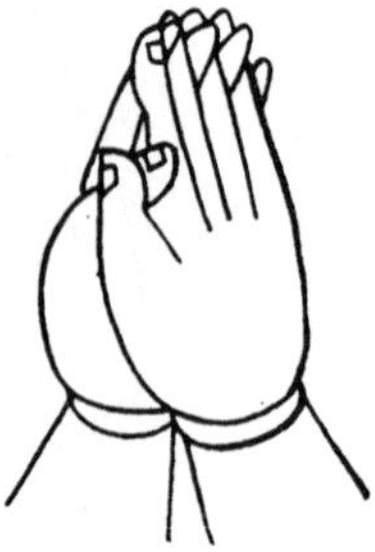

雙手密合，十指指尖交錯，將右手五指置於左手各指之上。

【真言】

南麼　三曼多勃馱喃　囕

namaḥ samanta-buddhānāṃ raṃ

⊙淨地—金剛合掌

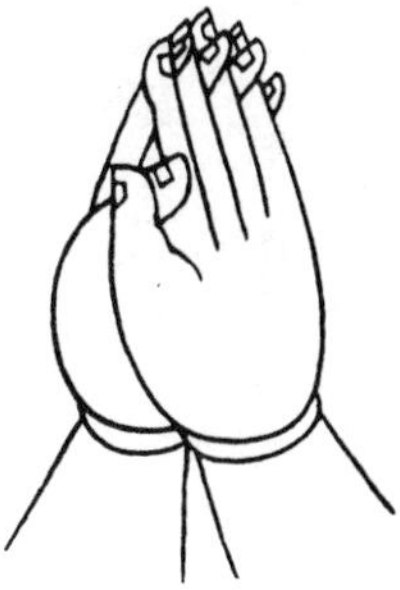

雙手密合，十指指尖交錯，將右手五指置於左手各指之上。

【真言】

唵　囉儒波誐哆　薩嚩達摩

oṁ　rajo'pagatāḥ　sarva-dharmāḥ

⊙淨身

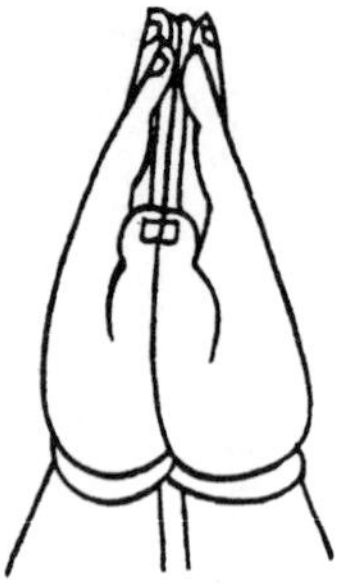

蓮花合掌當心，兩掌相合，十指合攏，兩掌之中稍成虛圓不密合。

【真言】

娑嚩婆嚩秫馱　薩嚩達摩

oṃ　svabhāva-śuddhāḥ　sarva-dharmāḥ

⊙淨三業

十指齊合，雙掌向內稍作虛圓。

【真言】

唵 薩網婆縛述馱 薩婆達磨 薩網婆嚩述度含

oṃ svabhā-śuddhāḥ sarva-dharmāḥ svabhāva-śuddho'ham

◎佛部心三昧耶

雙手內縛，二拇指並立，大拇指不與食指相接。

【真言】

唵　爾曩爾迦　曀醯呬　娑縛賀

oṃ　jina-jik　ehyehi　svāhā

◎蓮華部心三昧耶

將雙手內縛，二拇指並立，拇指不與食指相接，再將左拇指放入掌中，豎右指。

【真言】

唵 阿嚧力迦 曀醯呬 娑嚩賀

oṃ alolik ehyehi svāhā

⊙金剛部心三昧耶

將雙手內縛，二拇指並立，拇指不與食指相接，再將右拇指放入掌中，左拇指申竪。

【真言】

唵　嚩日囉地力迦　娑嚩賀

oṃ　vajra-dhṛk　ehyehi　svāhā

◎後被甲

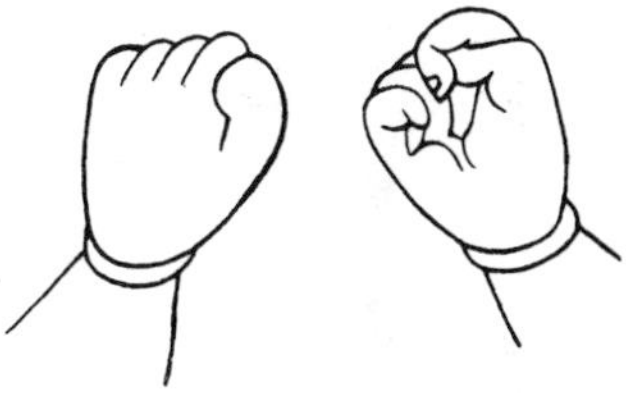

將左右手之各拇指橫放掌中，以其餘四指握拇指。左印放在腰上。以印印身五處。

【真言】

唵 部 入嚩囉 吽

oṃ bhūḥ jvala hūṃ

⊙觀佛─金剛合掌

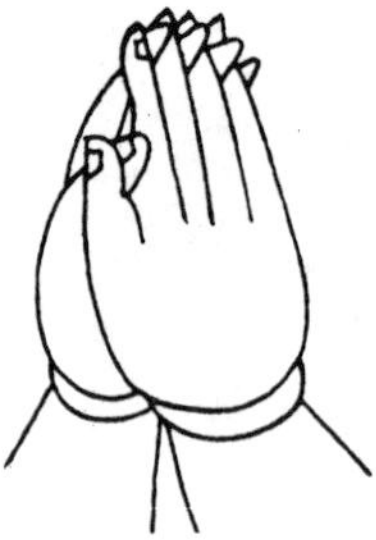

雙手密合，十指指尖交錯，將右手五指置於左手各指之上。

【真言】

欠　嚩日囉馱覩

khaṃ　vajra-dhāto

⊙金剛起

雙手各做金剛拳，小指中節相鉤結，兩食指伸直，側邊相拄。以印舉三次，即用二食指尖向身體方向招三次，每次唸真言。

【真言】

唵 跋折囉 底瑟吒

oṃ vajra tiṣṭha

⊙四禮—金剛合掌

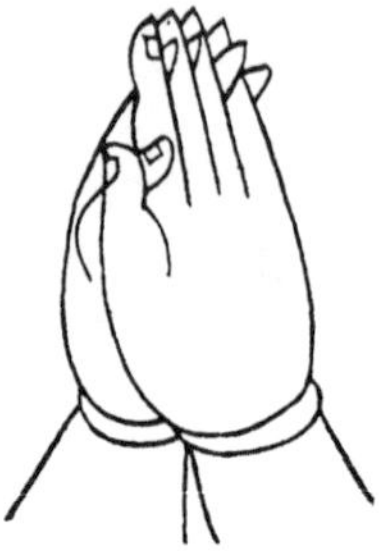

雙手密合，十指指尖交錯，將右手五指置於左手各指之上。

(1)阿閦佛真言

唵　薩哩嚩怛他誐多布儒波塞他那野怛摩喃儞哩夜怛夜彌　薩哩嚩怛他誐多嚩日囉薩埵提瑟姹莎　鈐

oṃ　sarva-tathāgata-pūjā-upasthānāy'ātmānaṃ　niryātayā
mi　sarva-tathāgata-vajra-satvādhiṣṭhasva　mām

(2)寶生佛眞言

唵　薩哩嚩怛他誐多布惹毘尸哥夜怛摩喃偏哩夜怛夜彌　薩哩嚩怛他誐多嚩日囉囉怛那　阿毘詵左　𤙖

oṃ sarva-tathāgata-pūjā'bhiṣekāy'ātmānaṃ niryātayāmi sarva-tathāgata-vajra-ratna abhiṣiñca māṃ

(3)無量壽佛眞言

唵　薩哩嚩怛他誐多布惹鉢囉嚩哩多那夜怛摩喃　偏哩夜怛夜彌　薩哩嚩怛誐他多嚩日囉達哩摩　鉢囉嚩哩多　野　𤙖

oṃ sarva-tathāgata-pūjā-pravartanāy'ātmānaṃ niryātayāmi sarva-tathāgata-vajra-dharma pravartaya māṃ

(4)不空成就佛眞言

唵　薩哩嚩怛他誐多布惹葛哩摩尼怛摩喃偏哩夜怛夜彌　薩哩嚩怛他誐多嚩日囉葛哩摩酤嚕　𤙖

oṃ sarva-tathāgata-pūjā-karmaṇa ātmānaṃ niryātayā

mi sarva-tathāgata-vajra-karms kuru mām

⊙金剛持遍禮

雙手左覆右仰，手背相對。以右拇指頭與左小指相交，以左大指與右小指相交，中間的六指分開貼在手背上，如三肱杵之形。

【真言】

唵 薩婆怛他揭多迦耶縛祛質多鉢囉那莫跋折囉 婆那鉡 迦阿嚧迷

oṃ sarva-tathāgata-kāya-vāk-citta-praṇāma-vajra-vandanāṃ karomi

⦿舞儀

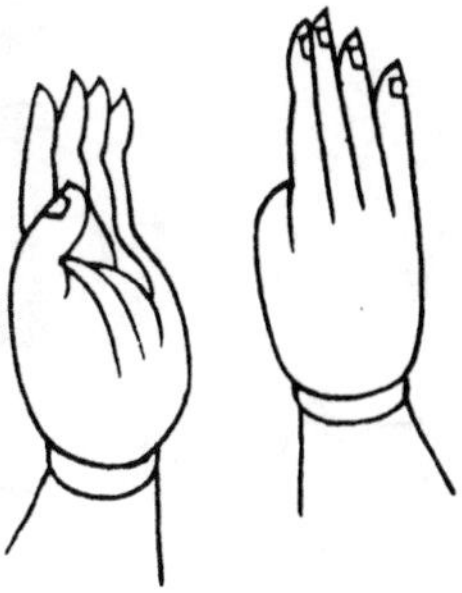

前印解後，做舞儀垂帶，伸直雙手五指，拇指橫放掌中，雙手相向約在胸前，如旋鞠做三次舞儀（旋轉）。

【真言】

唵　嚩日囉哆囉覩瑟使也　斛

om　vajra-tala-tuṣya　hoḥ

◎表白、神分、祈願、五悔（作法如十八道）

◎三昧耶戒——金剛合掌

◎勸請、五大願——金剛合掌

◎普供養、三力

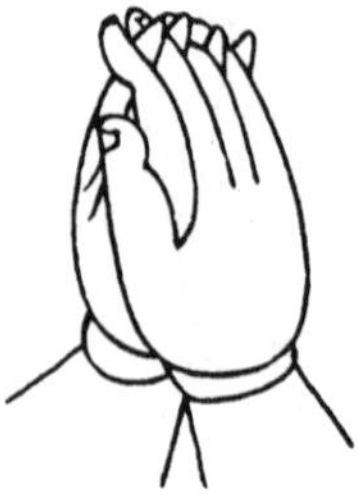

金剛合掌。

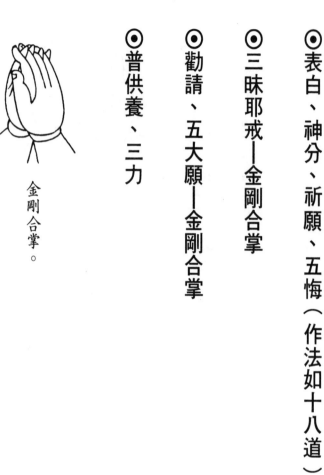

【真言】

唵 阿謨伽布惹 麼抳鉢納麼嚩日𡃤 怛他蘗哆尾路枳帝 三滿多鉢囉薩囉

吽

oṃ amogha-pūja maṇi-padma-vajre tathāgata-vilokite samanta

-prasara hūṃ

三昧耶戒分

◎四無量觀

雙手外縛，彎曲雙手食指中節，指背相對，二拇指橫在其端上，指端相合。

(1)慈無量觀真言

唵　摩賀昧怛囉也　娑頗囉

oṃ　mahā-maitryā　sphara

(2)悲無量觀眞言

唵 摩賀迦嚕拏夜 娑頗囉

oṃ mahā-karuṇayā sphara

(3)喜無量觀眞言

唵 秫馱鉢囉謨娜 娑頗囉

oṃ śuddha-pramoda sphara

(4)捨無量觀眞言

唵 麼護閉乞灑 娑頗囉

oṃ mahopekṣa sphara

⊙勝願

金剛合掌。雙手密合，十指指尖交錯，將右手五指置於左手各指之上。

【真言】

唵　薩婆怛他揭多餉悉陀　薩婆薩埵南　薩婆悉陀耶　三跛眡談　怛他揭多遏地底瑟咤憯

oṁ　sarva-tathāgata-śaṃsitāḥ　sarva-sattvānāṃ　sarva-siddhayaḥ　sampadyantāṃ　tathāgatāś　cādhitiṣṭhantāṃ

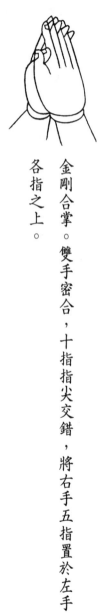

⊙大金剛輪

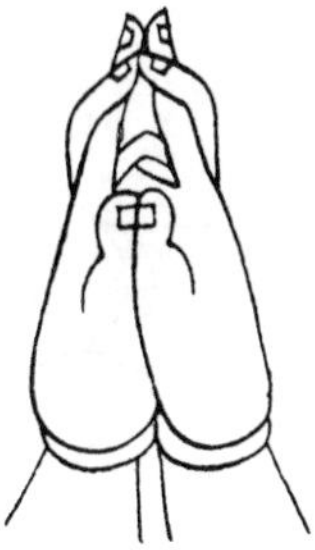

雙手內縛，二食指申豎，指頭相拄，以二中指壓二食指上節，指頭交縛；二拇指並立。

【真言】

曩麼悉　咥哩耶墜迦南　路多伽陀南　唵　鞞囉時　鞞囉時　摩訶斫迦囉嚩日哩　薩多薩多　娑囉帝　娑囉帝　怛囉曳　怛囉曳　毗陀麼儞　三盤誓儞　怛囉麼底悉陀揭唎　怛囑炎　娑嚩賀

namas try-adhvikānāṃ tathāgatānāṃ oṃ śikṣā-samuccaya viraji viraji mahācakra-vajri sattas sattas sā rate sārate trāyi trāyi vidhamani sambhañjani tramati-siddhā grya tvaṃ svāhā

⊙金剛橛（地結）

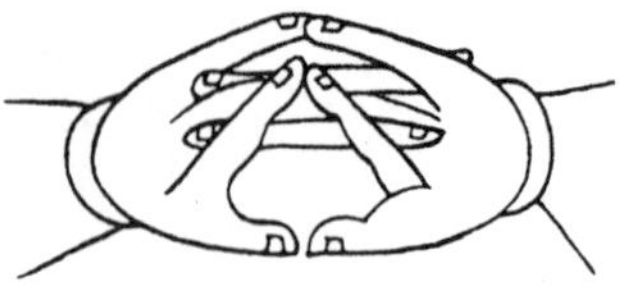

以右中指放入左食指與中指之間，以右無名指放入左無名指與小指之間；再以左中指自右中指背放入右食指與中指之間，以左無名指自右無名指背放入右無名指與小指之間；兩小指與二食指的指頭相拄；二拇指向下，指尖相接，唸真言一遍，同時以向下壓大地的姿勢下壓三次。

【真言】

唵　枳里　枳里　嚩日囉嚩日哩　步囉　滿馱　滿馱　吽　發吒

oṃ kīli kīli vajra-vajri bhūr bandha bandha hūṃ phaṭ

⊙金剛墻（四方結）

保持如前地結印的狀態，開掌二拇指豎立如墻形；依序旋轉三次。

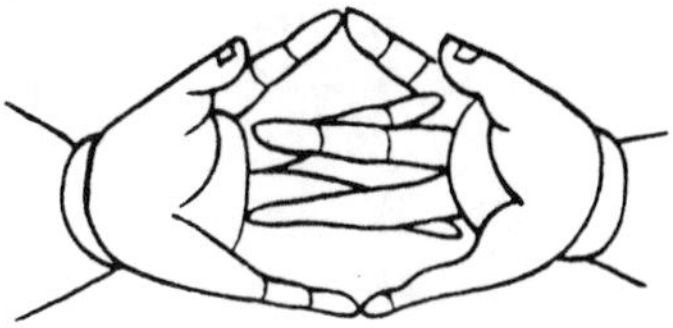

【真言】

唵 薩羅薩羅 嚩日羅鉢羅迦羅 吽 發吒

oṃ sāra-sāra vajra-prākāra hūṃ phaṭ

⊙金剛眼

雙手做金剛拳分置於腰之左右。

【真言】

嚩日囉捺哩瑟致　末吒

vajra-dṛṣṭi　maṭ

⊙金剛合掌

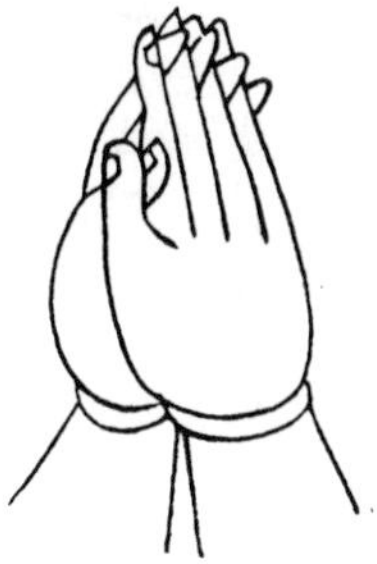

金剛合掌。雙手密合，十指指尖交錯，將右手五指置於左手各指之上。

【真言】

唵 跋折囉若哩

oṃ vajrāñjali

⊙金剛縛

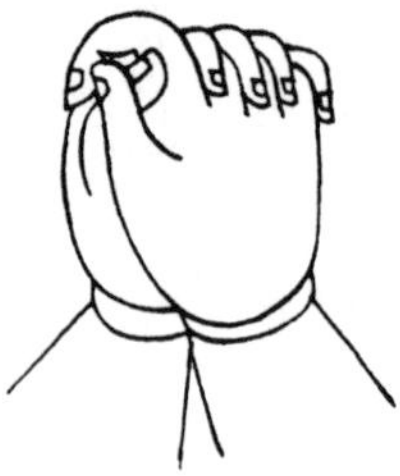

雙手外縛。

【真言】

跋折囉　盤陀

vajra-bandha

⊙開心

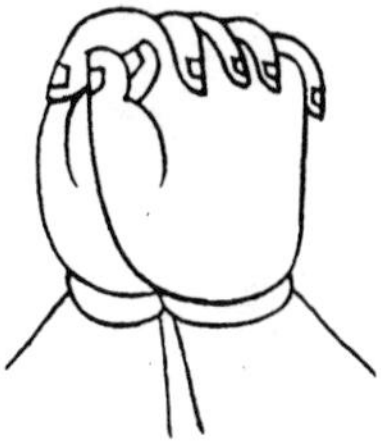

先將雙手外縛，再將雙手於胸前向左右拉開三次。

【真言】

嚩日囉滿馱 怛羅吒

vajra-bandha trat

◉入智

雙手外縛，二拇指並屈入掌中，一面誦真言，一面分開二食指豎立。

【真言】

唵　嚩日囉吠捨　噁

oṃ　vajr'āveśa　aḥ

⊙合智

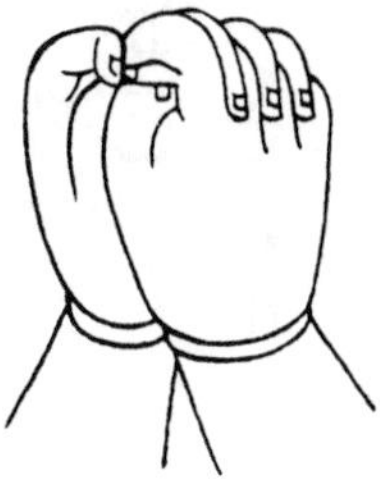

雙手外縛，二拇指屈入掌中，二食指彎曲指甲相合，以二食指壓二拇指的指甲與節之間。

【真言】

唵 嚩日囉母瑟致 鑁

oṃ vajra-muṣṭi baṃ

⊙普賢三昧耶

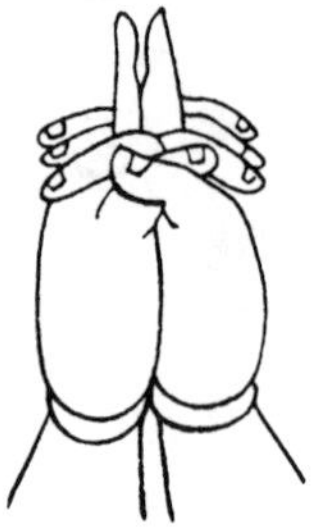

雙手外縛，二中指申豎相合，如獨貼杵。

【真言】

三昧邪薩　怛鑁

samayas　tvam

◎極喜三昧耶

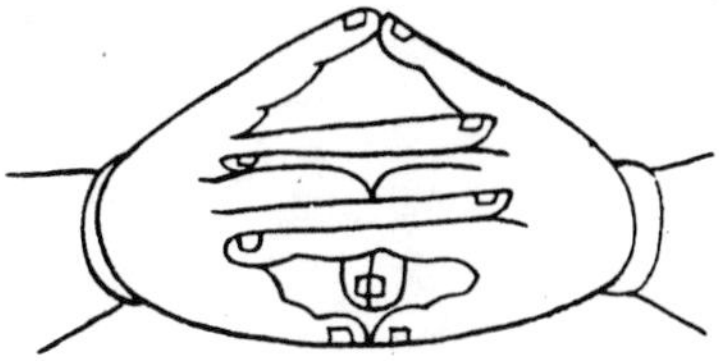

雙手外縛，二小指、二拇指直豎相合，二中指交叉屈入掌中，指面相對。

【真言】

唵 三摩野 斛 素怛囉薩 怛鑁

oṃ samaya hoḥ suratas tvam

⊙降三世

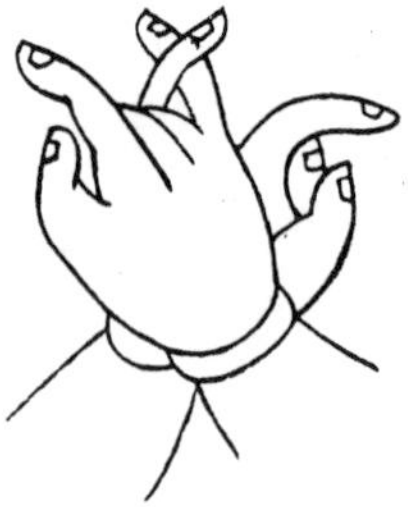

雙手做忿怒拳，背相對，鉤結二小指、二食指申豎。

【真言】

唵 遜婆 儞遜婆 吽 仡哩恨拏 仡哩恨拏 吽 仡哩恨拏播野 吽 阿那野 呼婆誐鑁 嚩日囉 吽 發吒

oṁ śumbha niśumbha huṃ gṛhṇa gṛhṇa huṃ gṛhṇā paya huṃ ānaya ho bhagavan vajra huṃ phaṭ

⊙蓮華部三昧耶

雙手外縛，二拇指、二小指伸直相合。

【真言】

唵 嚩日囉鉢訥摩三摩野薩 怛鑁

oṃ vajra-padma-samayas tvam

⊙法輪

雙手外縛，二拇指伸直相合，二小指申豎相叉。

【真言】

吽　摘枳　塞怖吒也　摩訶尾邏誐嚩日嚂嚩日囉馱囉　薩帝娜　咤

hūṃ　ṭakki　sphoṭaya　mahā-virāga-vajraṃ　vajra-dhara-satyena ṭhaḥ

⊙大欲

雙手外縛，將右拇指從左拇指上放入左虎口內，使右拇指進出三次。

【真言】

唵 素囉哆嚩日囕 弱 吽 鑁 斛 薩摩野薩 怛鑁

oṃ surata-vajraṃ jaḥ hūṃ vaṃ hoḥ samayas tvaṃ

⊙大樂不空身

雙手外縛，將右大拇指從左拇指、食指間放入左虎口內，不動。

【真言】

唵　摩訶蘇佉嚩日囒　娑馱耶　薩嚩薩怛吠毗喻　弱　吽　鑁　斛

oṃ　mahā-sukha-vajraṃ　sādhaya　sarva-sattvebhyo　jaḥ　hūṃ　vaṃ　hoḥ

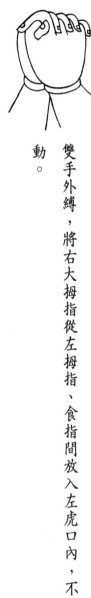

⊙召罪

雙手外縛，伸直二中指相合，二食指屈豎如鉤，但不與二中指相接。

【真言】

唵 薩嚩播波迦哩灑拏尾戍馱曩嚩日囉薩怛嚩三摩野 吽 弱

oṃ sarva-pāpā'karṣaṇa-viśodhana-vajra-satva-samaya hūṃ jaḥ

⊙摧罪

雙手內縛，二中指申豎相合，如獨股杵，再以二中指交叉拍打三次。

【真言】

唵　嚩日囉播尼　尾塞怖吒野　薩哩嚩播野滿馱那儞　鉢囉謨叉野　薩里嚩播野誐底毗藥　薩哩嚩薩怛網　薩哩嚩怛他誐多嚩日囉三摩野　怛囉吒

oṃ vajra-pāṇi visphoṭaya sarvāpāya-bandhanāni pramokṣaya sarvāpāya-gatibhyaḥ sarva-satvān sarva-tathāgata-vajra-samaya traṭ

⦿業障除

雙手密合，十指指尖交錯，將右手五指置於左手各指之上，彎曲二食指指甲相對，以二拇指壓二食指的上節側。

【真言】

唵 嚩日囉葛哩摩尾輸達野 薩哩嚩嚩囉拏儞沒馱薩帝曳那 三摩野 吽

oṃ vajra-karma viśodhaya sarv'āvaraṇāni buddha-satyena samaya hūṃ

⊙成菩提心—箭印

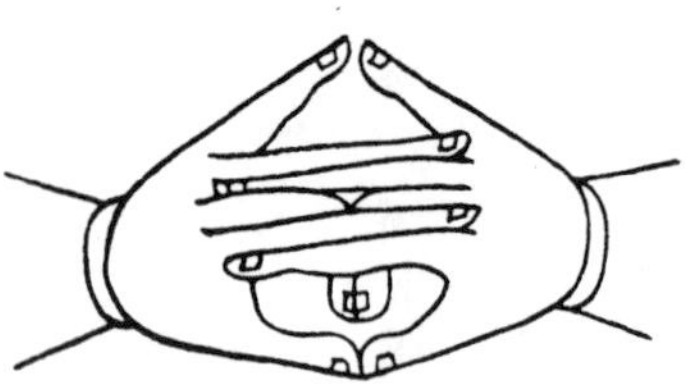

外縛後直立二中指，再將二中指放入掌中，指面相對向下，二大指、二小指申豎相拄。表心蓮開敷，安於頂上。

【真言】

唵　贊捺嚕多哩　三滿多跋捺囉枳囉尼　摩賀嚩日哩尼　吽

oṃ candrottare samanta-bhadra-kiraṇe mahā-vajriṇi hūṃ

成身加持分

◎修菩提心（妙觀察智）—彌陀定印

雙手外縛，彎曲雙手食指，指背相對，二拇指指端相觸橫在其端上，即彌陀定印。

【真言】

唵 冒地唧多母怛波捺夜彌

oṃ bodhi-cittam utpādayāmi

⦿四佛加持

1.東方不動佛

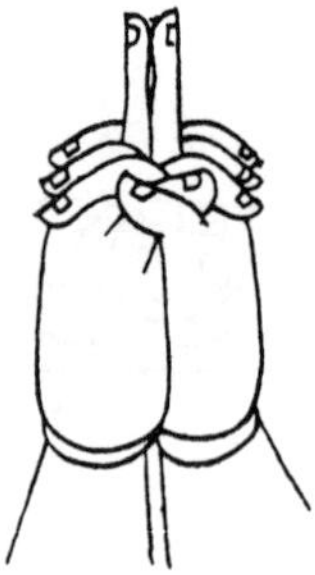

雙手外縛，伸直二中指相合，置於心前。

【真言】

嚩日囉惹拏喃　吽

vajra-jñāna　hūṃ

2.南方寶生尊

雙手外縛，伸直二中指拄如寶形，置於心前。

【真言】

嚩日囉枳惹南 怛咯

vajra-jñāna trāḥ

3.西方無量壽佛

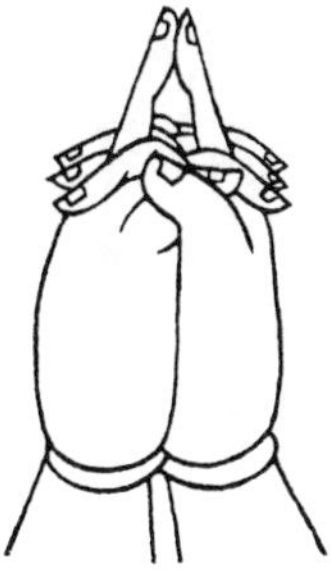

雙手外縛，二中指申豎如蓮葉。

【真言】

嚩日囉枳惹南　頡利

vajra-jñāna　hrīḥ

4.北方不空成就佛

雙手外縛，二中指屈入掌中，指面相合，掌面向下，二拇指、二小指申直相拄。

【真言】

嚩日囉惹拏喃　婀

vajra-jñāna　a

⊙五佛灌頂

1.遍照尊

雙手外縛，直立二中指相拄成劍形，再將二食指分別與各二中指的上節相接。

【真言】

唵 薩嚩怛他誐蒂濕嚩哩也鼻囉罽 鑁

oṃ sarva-tathāgataiśvaryābhiṣeka vaṃ

2.不動佛——針印

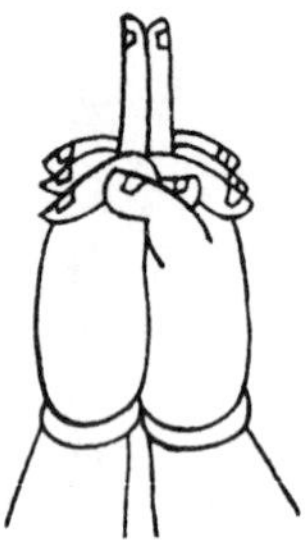

雙手外縛，二中指申豎相合如針，置於心前。

【真言】

唵　舍囉娜嚩日哩　暗　暗

oṃ　śarad-vajrī　āṃ　āṃ

3.寶生尊

雙手外縛，二中指伸豎相拄如寶形，置於心前。

【真言】

唵 跋折羅阿羅怛那 阿毗詵者 摩含 怛囉

oṃ vajra-ratnābhiṣiñca māṃ trāḥ

4.無量壽佛

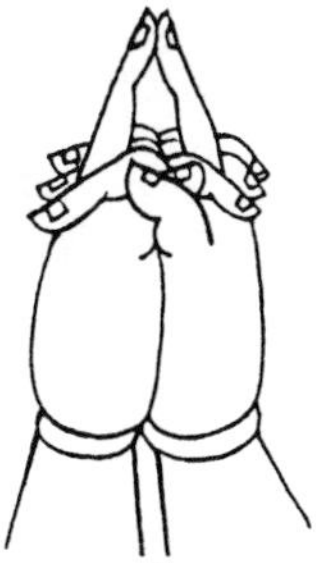

外縛後二中指直立如蓮葉。

【真言】

唵 跋折囉鉢頭摩 阿毗詵者 摩含 頡唎

oṃ vajra-padmābhiṣiñca māṃ hrīḥ

5. 不空成就佛

雙手外縛，二拇指、二小指伸直相合。

【真言】

唵　跋折囉羯磨　阿毗詵者　摩含　娜

oṃ　vajra-karmābhiṣiñca　māṃ　āḥ

⊙四佛繫鬘

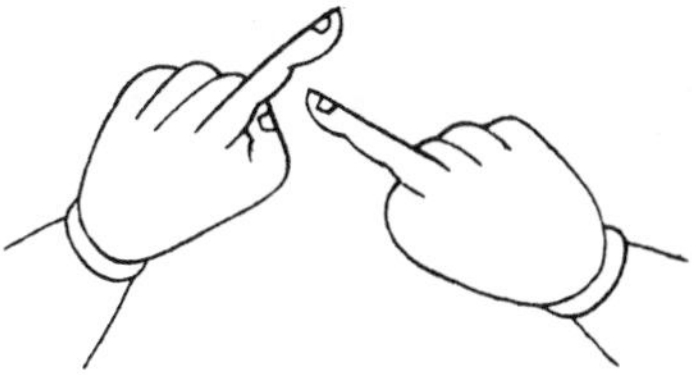

各結四佛加持印誦明後，解印，兩手作金剛拳，舒食指，如繞絲三度。

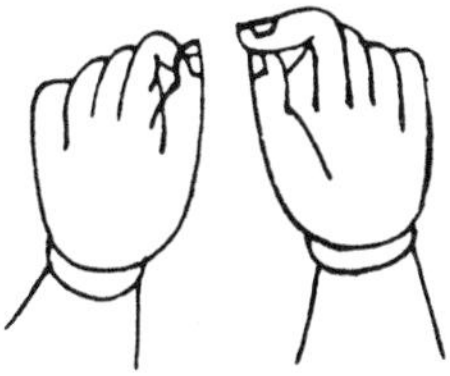

次雙手稍許向左右拉開如結帶姿。

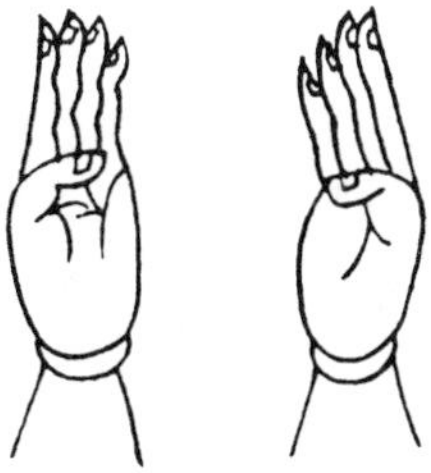

自小指依序打開，拇指繼續橫放，從頂上以真言「斑」字做垂帶。

1.阿閦佛——針印

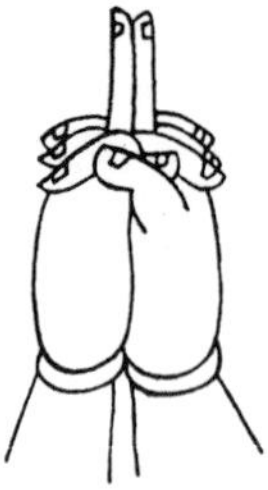

雙手外縛，二中指申豎相合如針狀，置於心前。

【真言】

唵 嚩日囉薩怛嚩摩攞鼻詵左 鋡 鑁

oṃ vajra-saatva-mālābhiṣñca māṃ vaṃ

2.寶生如來——寶印

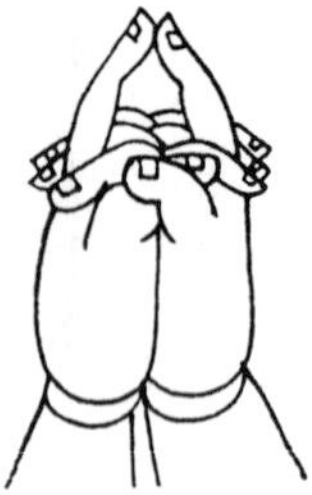

雙手外縛，二中指伸豎相拄如寶形，置於心前。

【真言】

唵　嚩日囉囉怛曩摩攞鼻詵左　鋡　鑁

oṃ　vajra-ratna-mālābhiṣiña　māṃ　vaṃ

3.無量壽佛

雙手外縛，二中指伸豎如蓮葉狀。

【真言】

唵　嚩日囉鉢納磨摩攞鼻詵左　鋡　鑁

oṃ　vajra-padma-mālābhiṣiñca　māṃ　vaṃ

4.不空成就佛

雙手外縛，二中指屈入掌中，指面相對向下，二拇指、二小指申直相合。

【真言】

唵 嚩日囉羯囉磨摩攞鼻詵左 鋡 鑁

oṃ vajra-karma-māle ’bhiṣiñca māṃ baṃ

⊙甲冑

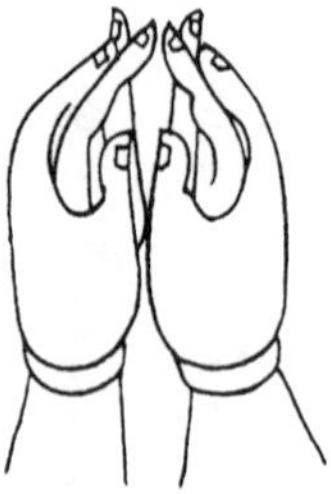

虛心合掌，屈二食指，著二中指上節，拇指並立，押二中指節，印五處。

【真言】

唵 嚩日囉迦嚩際 嚩日哩 句嚕 嚩日邏 嚩日囉 憾

oṃ vajra-kavace vajra kuru vajra-vajro 'ham

◎結冑

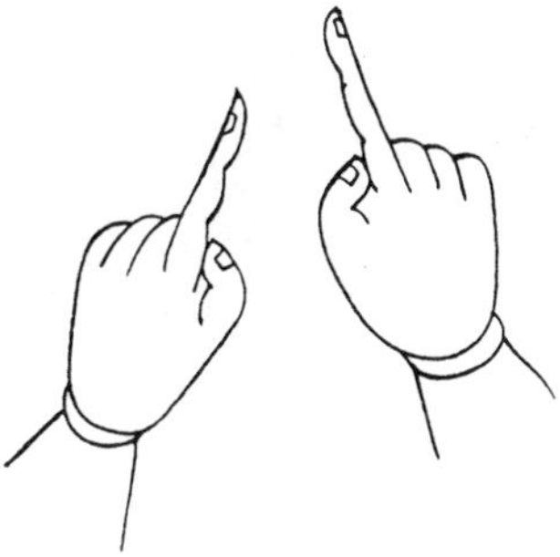

二手握金剛拳，舒二食指相縈繞，食指端觀，左食指端觀，二字皆青色，先於喉前二食指三度順繞，真言三返，次心、次臍、次左膝、次右膝、次右肩、次左肩、次從頸向前左右繫之，頸前三繞，如是三返，後繫頂上，指末各向身。從左右垂下，各一度印明一返。

【真言】

唵 砧

oṃ ṭuṃ

◉旋舞

自小指依序打開，於心前三舞。

◉拍掌

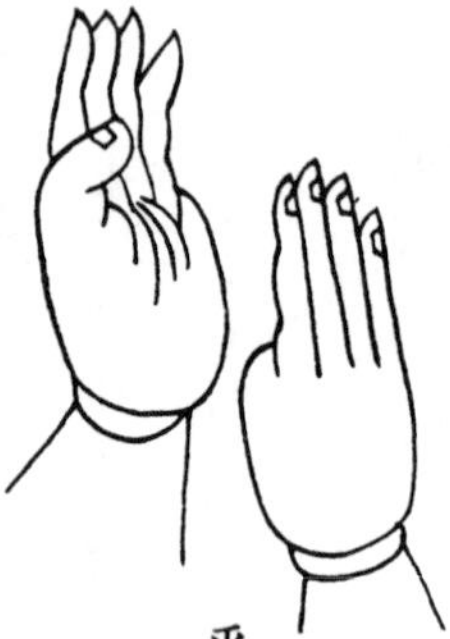

平掌三拍。

【真言】

唵 嚩日囉覩史野 斛

oṃ vajra tuṣya hoḥ

⊙金剛合掌

二手相合，十指前端相交，右五指交左五指前，作二手金剛合掌。

【真言】

嚩日囕若里

vajrāñjali

⊙現智身

雙手外縛，將二拇指並列屈入掌中，誦真言一遍以二拇指來去（出入）。

【真言】

嚩日囉薩埵　惡

vajra-satva　āḥ

⊙見智身

雙手外縛，將二拇指並列放入掌中不動，唸真言三遍。

【真言】

唵 嚩日囉薩怛嚩涅哩捨也

oṃ vajra-satva dṛśya

⊙四明

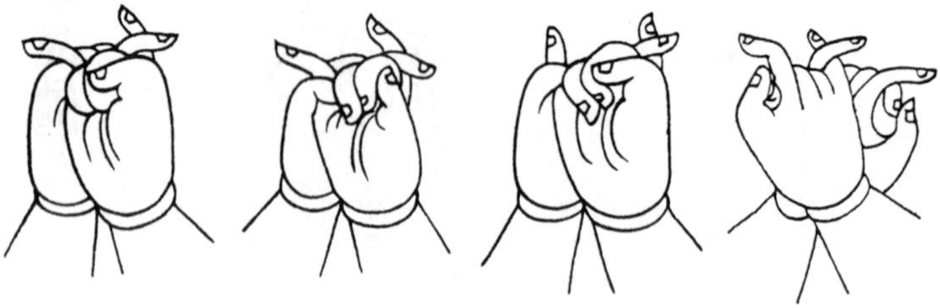

①雙手做忿怒拳，手背相對，大拇指稍許彎曲壓中指側，二小指相鉤結，二食指屈如鉤形。

②二食指的上節相交合。

③二食指相鉤結。

④手腕交叉向下擺振。

【真言】

惹　吽　鑁　呼

jaḥ　hūṃ　vaṃ　hoḥ

⊙成佛

外縛後二中指申豎

【真言】

唵 三摩庚唅 摩賀三摩庚唅

oṃ samayo'haṃ mahā-samayo'haṃ

道場莊嚴分

⊙道場觀—大羯磨印

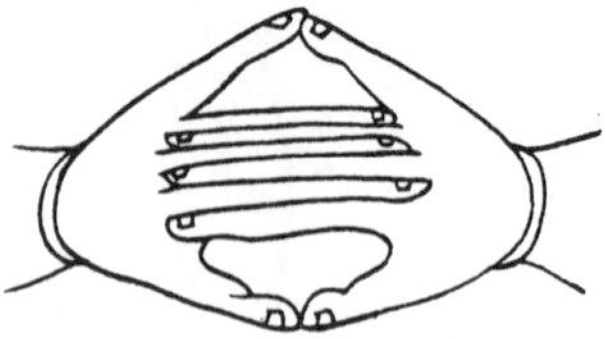

雙手外縛，二拇指、二小指的指端相拄，開掌置於臍上。

【真言】

唵　嚩日囉羯磨　撿

oṃ　vajra-karma　kaṃ

1. 大海印

二手食指、中指、無名指、小指各相叉入掌，仰上，二拇指頭相拄。

【真言】

唵　尾壓路娜地　吽

oṃ　vimalodadhi　hūṃ

2. 金剛龜印

如前大海印、二食指伸豎側面相拄，二拇指稍離二食指下豎立。

【真言】

唵　鉢羅　娑縛賀

oṃ pra svāhā

3.寶山印

雙手內縛，兩拇指置於掌內。

【真言】

唵　阿者攞　吽

oṃ acala hūṃ

⊙曼荼羅總觀─如來拳印

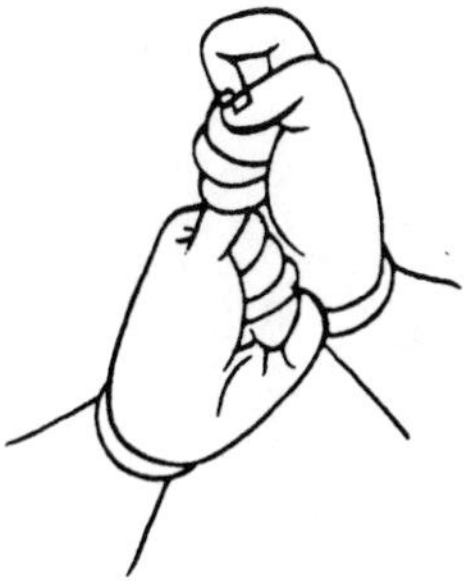

以左手作蓮華拳，右手作金剛拳，以右手小指淺握左手的大拇指。

【真言】

唵 部 欠

oṃ bhūḥ khaṃ

⊙大虛空藏

雙手虛心合掌，二無名指外縛，彎曲二食指做寶形。二拇指並豎。

【真言】

唵 誐誐曩三婆嚩嚩日囉 斛

oṃ gagana-sambhava-vajra hoḥ

⊙小金剛輪

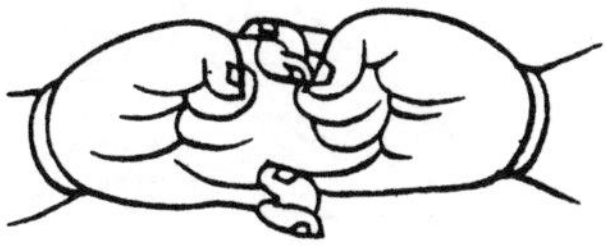

雙手做金剛拳，鉤結二小指，鉤結二食指完成印，印身之五處。然後反印，印虛空與身之前壇上、本尊、諸尊、供物，再印向身收納口裡（稍許抬高印，接近嘴後散開），收納嘴裡後，雙手向左右作散開的狀。

【真言】

唵　嚩日囉斫訖囉　吽　弱　吽　鑁　斛

oṃ　vajra-cakra　hūṃ　jaḥ　hūṃ　vaṃ　hoḥ

奉請結護法

⊙啟請

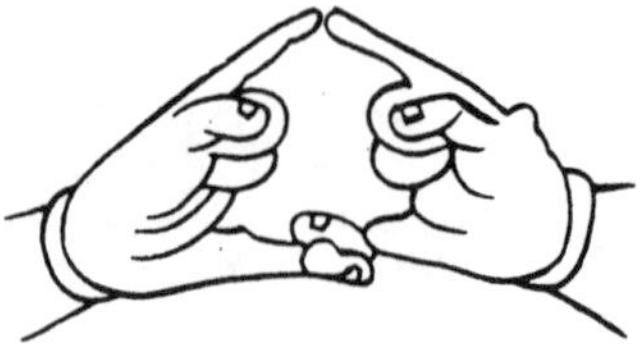

兩手金剛拳，二小指、食指，各相鉤結，如前印。

【真言】

野毗焰　涅尾竭那娑　斫迦囉悉地寫多　畝陛　靺嚟　嚩日囉軍荼利　係都
毗焰　哆毗焰麼薩覩　娑娜　曩莫

yābhyaṃ nivic-chañśac cakra-siddhis yā
tamubhe bale vajra-kuṇḍali-hetubhyāṃ tabhyām astu sadā
namaḥ

◉開門

雙手作金剛拳，二小指鉤結，二食指立起側合。

【真言】

唵 跋折囉糯嚧特伽吒耶 三摩耶鉢羅吠舍耶 吽

oṃ vajra-dvārodghāṭāya samaya-praveśāya hūṃ

⊙啟請伽陀

雙手外縛，立起二中指相拄，彎曲二食指如鉤，置二中指背上，但不相接。

【真言】

阿演覩　薩吠　步嚩洒迦娑咯　鉢囉拏弭哆勢沙迦取囉摩咯　薩乞叉怛訖哩怛曩路婆嚩娑嚩婆嚩　娑嚩焰步毛曩哆婆嚩娑嚩婆嚩

ayantu　sarve　bhuvanaika-sārāḥ　praṇamitāḥ　śasakaṭhora-mārāḥ

sākṣāt-kṛtaananta-bhava-svabhāvāḥ　svayambhuvānanta-bhava-svabhāvāḥ

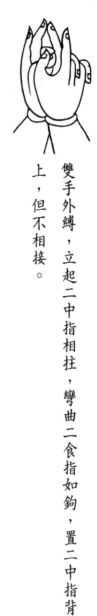

⊙金剛王

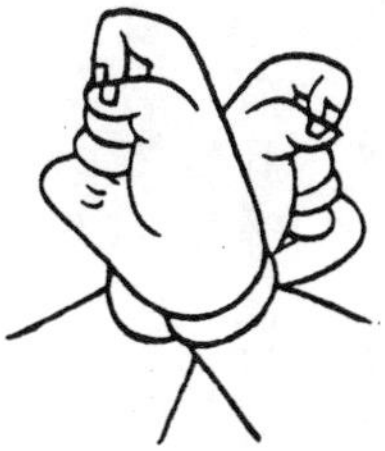

雙手做金剛拳，右臂在內左臂在外交叉抱胸，伸直二食指，每唸一次，以二食指招三遍，拇指、食指二指相捻，彈指（誦真言三遍）。

【真言】

唵　䟦折囉三摩闍　穰

oṃ　vajra-samāja　jaḥ

◎百八名讚—金剛合掌

雙手密合，十指指尖交錯，將右手五指置於左手各指之上。

【真言】

嚩日囉薩怛嚩　摩賀薩怛嚩　嚩日囉薩嚩怛他誐哆　三滿跢婆捺囉　嚩日囉
儞也　嚩日囉播抳

vajra-satva　mahā-satva　vajra　sarva-tathāgata　samanta-bhadra
vajr'ādyavajrapāṇe

⊙四攝

1.金剛鉤

雙手做忿怒拳，背相合，鉤結二小指、二食指做鉤形。

【真言】

嚩日囉矩捨　弱

vajrāṅkuśa　jaḥ

2. 金剛索

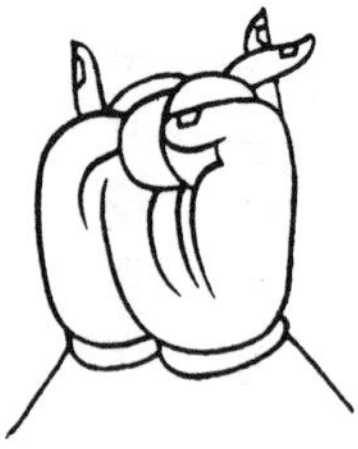

雙手做忿怒拳，背相合，鉤結二小指、二食指做鉤形，二食指的上節部交合。

【真言】

嚩日囉播捨　吽

vajra-pāśa　hūṃ

3. 金剛鏁

雙手做忿怒拳，背相合，鉤結二小指、二食指做鉤形。

【真言】

嚩日囉娑普吒　鑁

vajra-sphoṭa　vaṃ

4. 金剛鈴

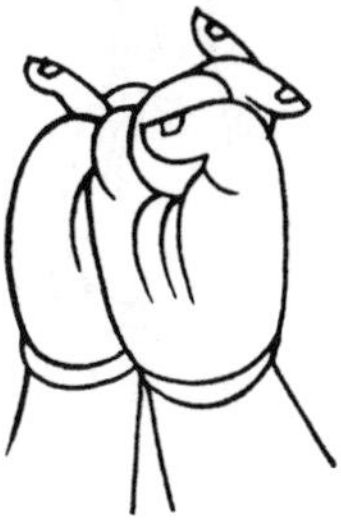

雙手做忿怒拳，背相合，鉤結二小指、二食指做鉤形，二食指的上部交合，鉤結二食指，手腕交叉向下擺。

【真言】

嚩日囉吠捨

vajr’āveśa

⊙金剛拍

①伸直雙手五指，拇指橫放掌中，雙手相同約於胸前，如旋鞠做三次舞儀（旋舞）。

②拍掌三次。

【真言】

唵　嚩日囉哆囉覩瑟使也　斛

oṃ　vajra-tala-tuṣya　hoḥ

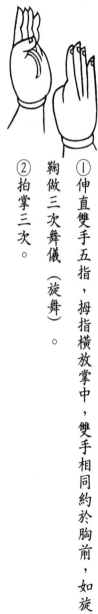

⊙聖不動結界護身

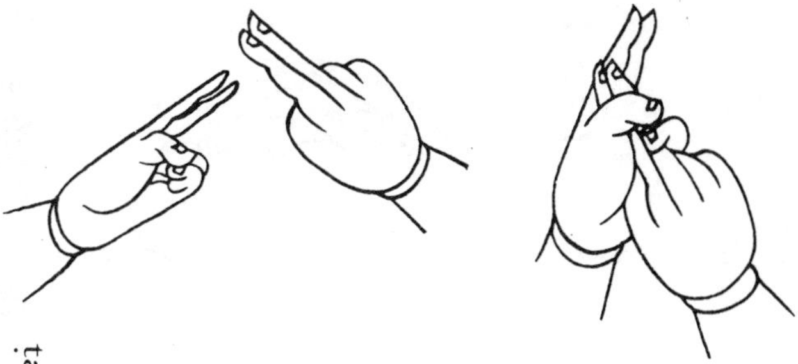

①伸直左手食指、中指，以拇指壓無名指、小指的指甲形成刀鞘，右手也同樣做刀，插入鞘內置於左腿上。

②拔刀，在右乳房上面稍許向左安置。左鞘安置在左乳房下方，稍許向身，逆方向三轉，做十方、五處加持，將左鞘恢復原狀置於左腿上，刀回鞘內散。

【真言】

南麼 三曼多伐折羅赧 戰拏 摩訶嘮灑停薩破吒也 鈝
怛囉吒 悍 漫

namaḥ samanta-vajrāṇāṃ caṇḍa-mahā-roṣaṇa spho-
ṭaya hūṃ traṭ hāṃ māṃ

◎金剛網（虛空結）

以右中指放入左食指與中指之間，以右無名指放入左無名指與小指之間，以左中指自右中指背放入右食指與中指之間，以左無名指自右無名指背放入右無名指與小指之間，二小指與二食指的指頭均互相支撐，二拇指向下，指尖相接，以二拇指捻二頭指之下的紋。

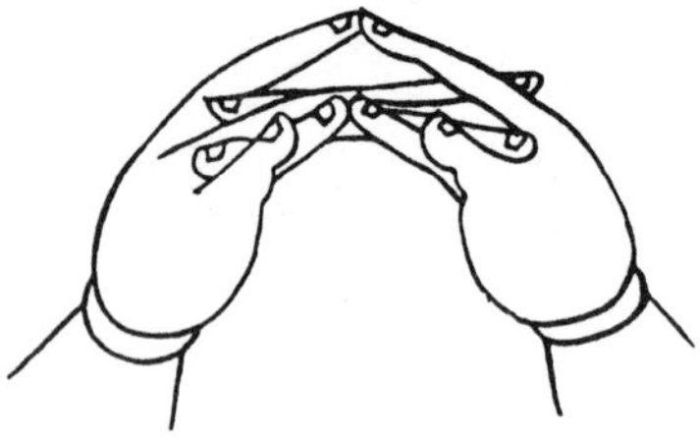

【真言】

唵　尾娑普羅捺　落乞叉　嚩日羅半惹羅　吽　發吒

oṃ visphurād rakṣa vajra-pañjara huṃ phaṭ

⊙金剛炎（火院）

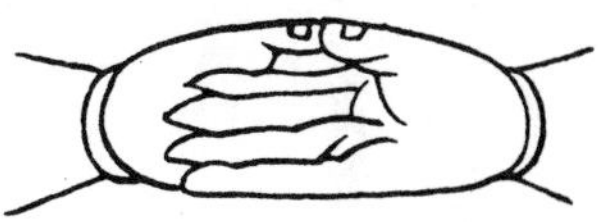

散立左右手，以左掌覆右手背，二大拇指拄如火形，餘八指稍散開。

【真言】

唵 阿三莽擬儞 吽 發吒

oṃ asamāgne hūṃ phaṭ

⊙大三昧耶

雙手做內縛，豎立二中指，指端相對，彎曲二食指如鉤，置於二中指後（稍離二中指，不接觸），二大指貼於二食指側，做三鈷杵形。

【真言】

唵　商迦隸　摩訶三昧焰　娑縛賀

oṃ　śṛṅkhale　mahā-samayaṃ　svāhā

供養讚嘆分

⊙閼伽

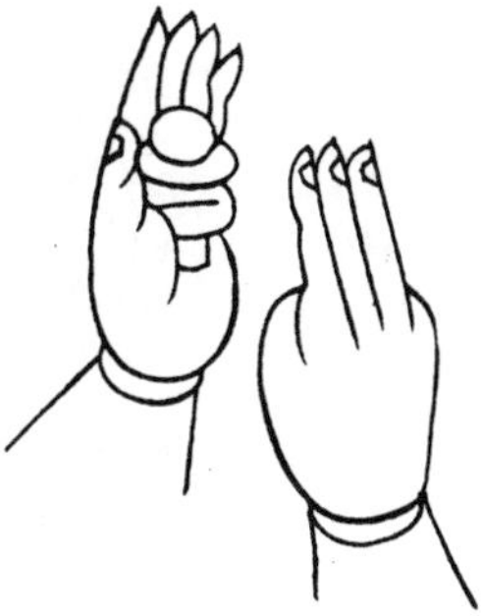

雙掌仰上，掌內側相接。中指以下之六指並排，稍許彎曲，互相支撐各指頭。二食指彎曲放在各中指的上節上，以二拇指壓食指側，左手做閼伽半印，移置閼伽器。右手結三小貼印。

【真言】

唵 跋折囉娜伽 咤

oṃ vajrodaka ṭha

◎五部百字

雙手相合，捧閼伽器。

【真言】

唵 跋折囉 薩埵 三摩耶 麼奴波邏耶 跋折囉薩埵哆吠奴烏播底瑟吒
涅哩荼烏銘婆嚩 素覩沙榆銘婆嚩 阿努囉訖覩銘婆嚩 素補使榆銘婆嚩 薩婆
悉地 含銘般囉野綽 薩婆羯磨素遮銘 質多失唎耶 句嚧 吽 呵呵呵呵 護
薄伽梵 薩婆怛他揭多 跋折囉麼迷悶遮 跋折哩婆嚩摩訶三摩耶薩埵 阿

oṁ vajra-sattva-samaya manu pālaya vajra-sattvenopatiṣṭha
dṛḍho me bhava sutoṣyo me bhava anurakto me bhava

supoṣya me bhava sarva-siddhim me prayaśca sarva-karmesu ca me cittamśiyāṁ kuru hūṃ ha ha ha ha ho bhagavaṃ sarva-tathāgata-vajra mā me munca vajrībhava mahā-samaya-sattva aḥ

◎蓮華座

虛心合掌，兩拇指、兩中指、無名指各自打開，讓指間留有空隙，彼此不相依附，表綻開之蓮。

【真言】

唵　迦麼攞　娑嚩賀

oṃ　kamala　svāhā

oṃ kamala svāhā

⊙振鈴（如十八道）

⊙羯磨會—大羯磨印

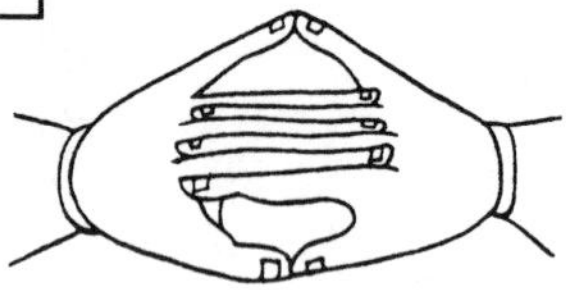

雙手外縛，二拇指、二小指的指端相拄。

五佛

1.大日如來

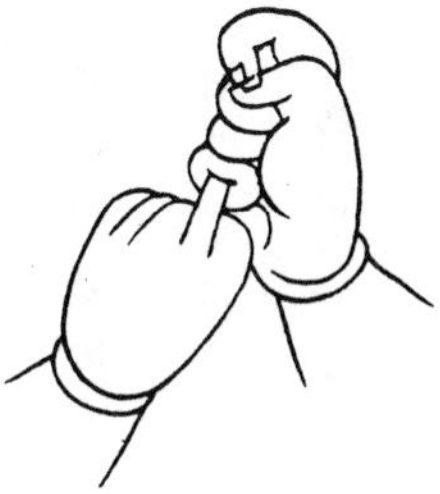

以左手彎曲拇指放入掌中，以小、無名、中食指握住；右手握小、無名、中指，拇指稍許彎曲壓在中指彎曲側，彎曲食指立於拇指指甲上，以右手小指深握左手的食指。

【真言】

唵　跋折囉馱都　鑁

oṃ　vajra-dhātu　vaṃ

2. 阿閦尊

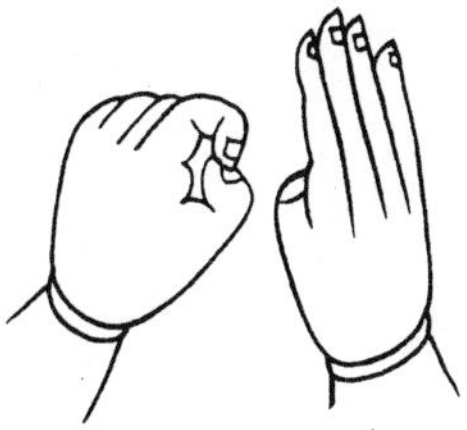

左拳仰上貼靠於臍，伸直右手四指，拇指微彎，覆蓋右膝。

【真言】

喻　阿閦鞞　吽

oṃ　akṣobhya　hūṃ

3.寶生尊

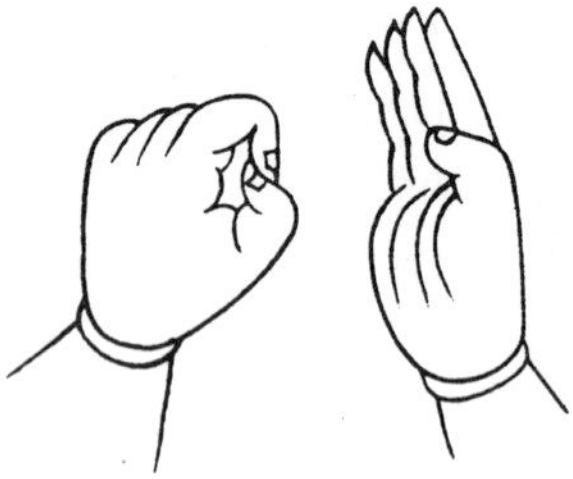

左拳仰上貼靠於臍，伸直右手四指，拇指微彎。

【真言】

喻　阿囉怛那三婆嚩　怛囉

oṃ　ratna-sambhava　trāḥ

4.觀自在尊—彌陀定印

雙手外縛，彎曲二食指中節，指背相對，二大拇指橫在其端上。

【真言】

唵 嚧計攝縛囉囉闍 頡哩

oṃ lokeśvara-rāja hrīḥ

5.不空成就尊

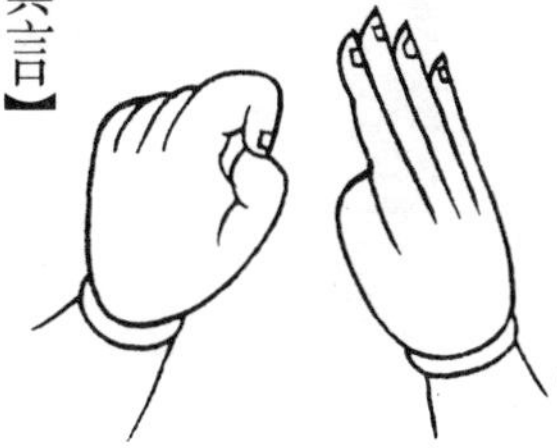

左拳按在臍，右肘直立，四指伸直，大拇指向掌內微彎。

【真言】

唵　阿慕伽悉悌　惡

oṃ　amogha-siddhi　aḥ

四波羅蜜菩薩

1.金剛波羅蜜

左拳按在臍，右肘直立，四指伸直掌向外而立，同阿閦如來印。

【真言】

薩埵嚩日哩

satva-vajri

2.寶波羅蜜

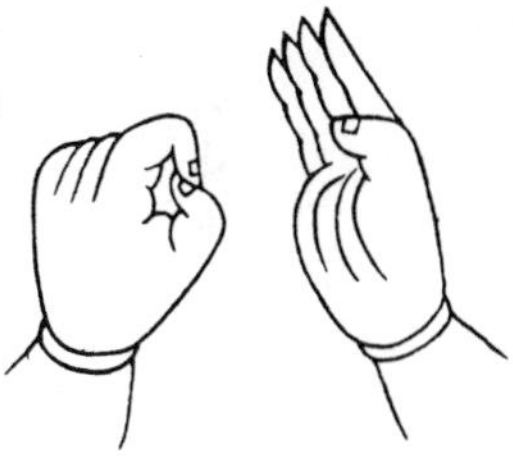

左拳仰上按左臍，伸直右手四指，拇指微彎，同寶生如來印。

【真言】

唵　囉怛曩嚩日哩　怛咯

oṃ　ratna-vajri　trāḥ

3.法波羅蜜

雙手外縛，彎曲雙手食指中節，指背相對，二拇指橫在其端上，即彌陀定印。

【真言】

唵　達囉摩嚩日哩　紇哩以

oṃ　dharma-vajri　hrīḥ

4.羯磨波羅蜜

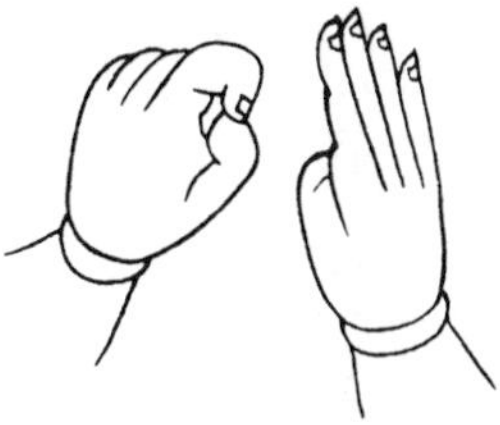

左手握小、無名、中指。拇指稍許彎曲壓在中指彎曲側、彎曲食指立於拇指指甲上，右手伸直四指，大指向掌內微彎，同不空成就如來印。

【真言】

迦嚕摩縛日哩

karma-vajri

十六菩薩

1.金剛薩埵

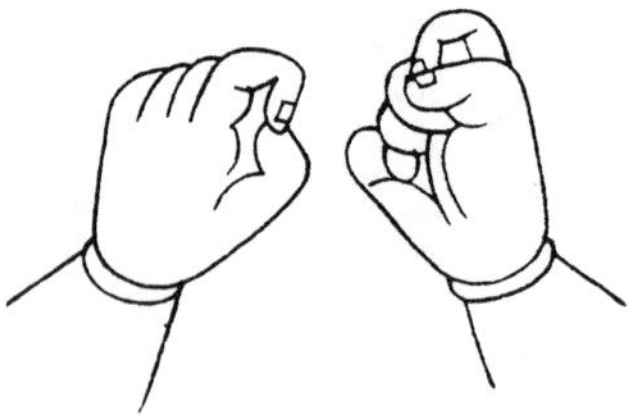

左手金剛拳安腰，右手作金剛拳在心上，伸直五指如弄杵似的動作，為金剛慢印。

【真言】

嚩日囉薩怛嚩

vajra-satva

2.金剛王菩薩

雙手握金剛拳，食指如鉤，兩手腕相交而抱胸。

【真言】

嚩日囉囉惹

vajra-rāja

3.金剛愛菩薩

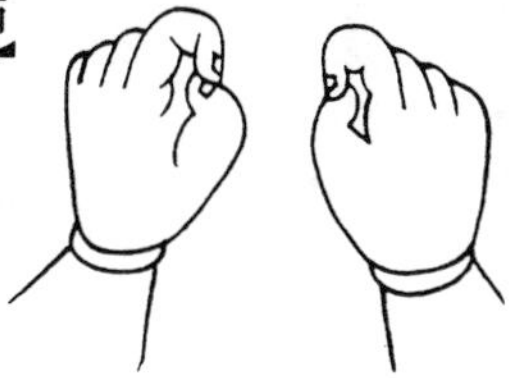

兩拳作射箭狀。

【真言】

嚩日囉囉誐

vajra-rāga

4.金剛喜菩薩

雙手做金剛拳，在胸前以拇指與食指彈指三次。

【真言】

嚩日囉娑度

vajra-sādhu

5.金剛寶菩薩

二手作金剛拳面相合，二食指做寶形，並立二拇指。

【真言】

嚩日囉囉怛那

vajra-ratna

6.金剛光菩薩

雙手外縛，彎曲二食指做寶形，並立二拇指。二食指、二拇指不變，伸直其他六指散開做順三轉。

【真言】

嚩日囉帝惹

vajra-teja

7.金剛幢菩薩

兩手做拳，以左拳頂住右肘，右臂屈豎。

【真言】

嚩日囉計覩

vajra-ketu

8.金剛笑菩薩

兩手作金剛拳，仰上往口方向而散。

【真言】

嚩日囉賀娑

vajra-hāsa

9.金剛法菩薩

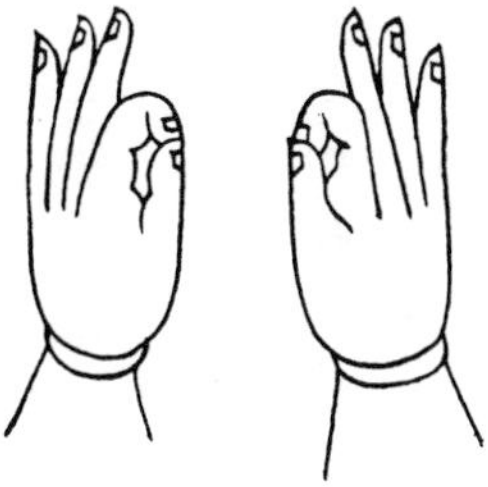

默想左拳持蓮花，伸直右手五指，手掌向外，把右手食與拇指作環狀，離合三次。

【真言】

嚩日囉達哩摩

vajra-dharma

10.金剛利菩薩

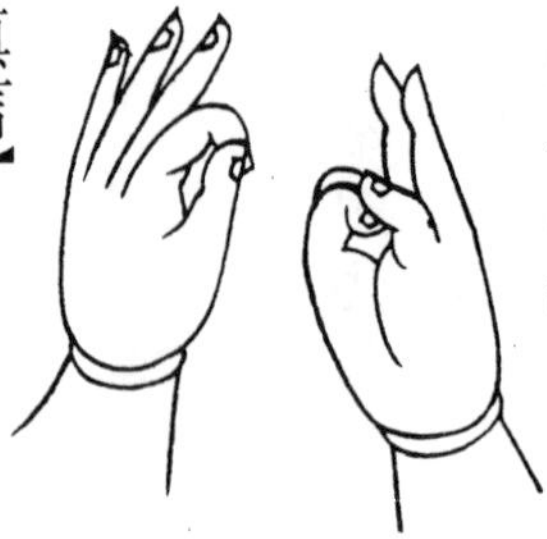

左手拇指與食指作環狀，右手持劍印。

【真言】

嚩日囉底剎拏

vajra-tīkṣṇa

11.金剛因菩薩

兩手作金剛拳，食指伸豎相並，於臍前順轉。

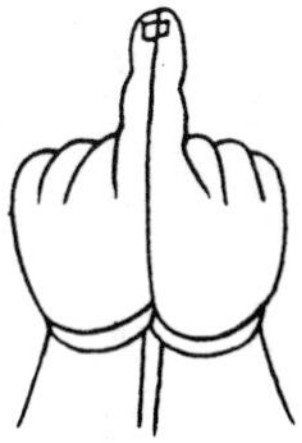

【真言】

嚩日囉呬覩

vajra-hetu

12.金剛語菩薩

二手握金剛拳，至口仰散。

【真言】

嚩日囉婆沙

vajra-bhāṣa

13.金剛業菩薩

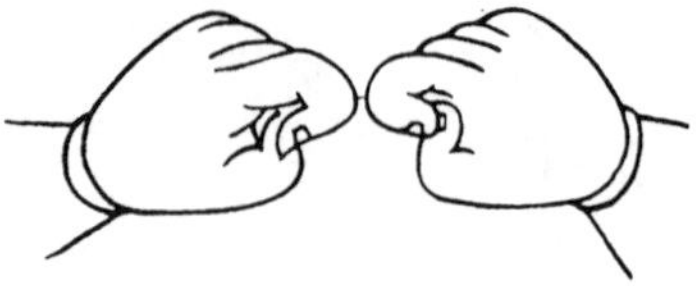

兩手結金剛拳，小舞動三遍，而後作金剛合掌，置於頂。

【真言】

唵　嚩日囉羯磨　撿

oṃ　vajra-karma　kaṃ

14.金剛護菩薩

(1)

從金剛合掌，握金剛拳。

(2)

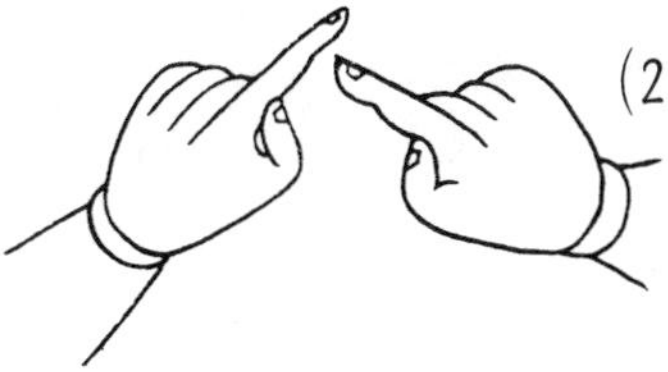

舒二食指向心左右三返，成結冑印。

(3)

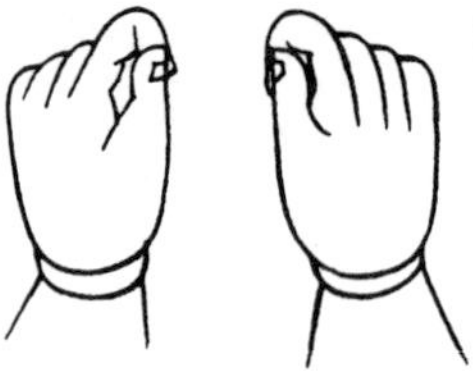

兩拳相合，左仰於下，右覆於上。

【真言】

嚩日囉路乞沙

vajra-rakṣa

15.金剛牙菩薩

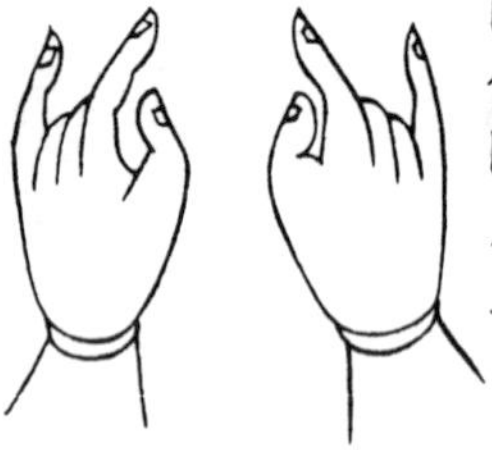

二手作金剛拳，屈伸小指、食指，置於口兩側，如牙形。

【真言】

嚩日囉藥叉

vajra-yakṣa

16.金剛拳菩薩

二手握金剛拳，左仰右覆。

【真言】

嚩日囉散提

vajra-sandhi

八供養菩薩

1.金剛嬉菩薩

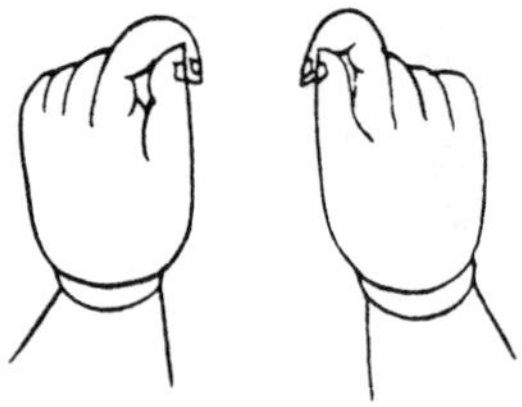

二手作金剛拳按腰，向左微低頭。

【真言】

嚩日囉邏細

vajra-lāsye

2.金剛鬘菩薩

(1)

二拳如繫鬘一般，表繫鬘相。二手握拳如繫鬘，頂後垂，二拳伸鉤食指，當心三度結之，諸指伸散。

(2)

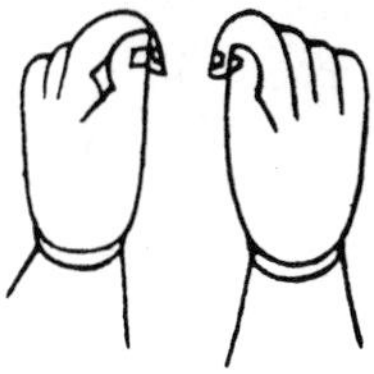

雙手向右拉開，做結帶姿。

(3)

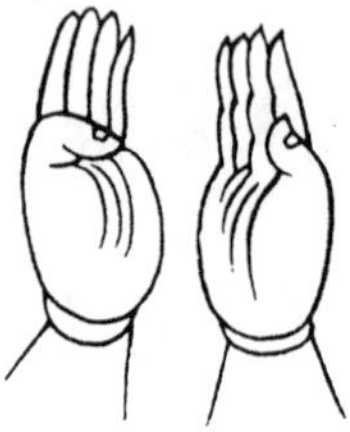

自左右小指次第分開，伸直四指，拇指橫置掌中，從頂上以真言「斑」字做垂帶，伸直兩手五指，如同垂下帶子舞動三遍

(4)

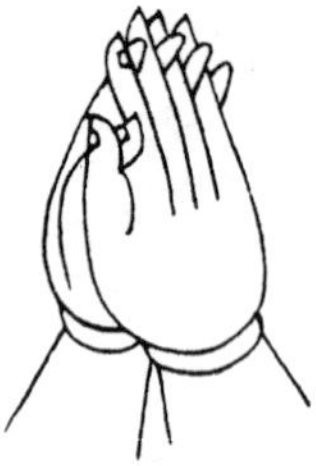

雙手密合，十指指尖交錯，將右手五指置於左手各指之上。

【真言】

嚩日囉摩梨

vajra-māle

3.金剛歌菩薩

二手金剛拳，側相合，從臍至口散之。

【真言】

嚩日囉詣帝

vajra-gīte

4.金剛舞菩薩

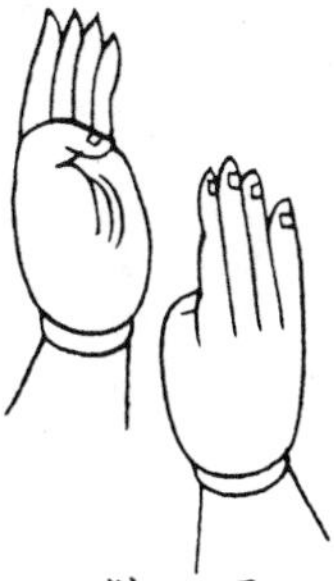

兩手外縛，解開外縛分開雙掌，將二大拇指橫放掌中，相向做三次舞儀，後金剛合掌。

【真言】

嚩日囉涅哩帝

vajra-nṛtye

5.金剛香菩薩

兩手金剛拳相並，向下散，如香雲遍布。

【真言】

嚩日囉度閉

vajra-dhūpe

6.金剛華菩薩

兩手作金剛拳，仰散之。

【真言】

嚩日囉布瑟閉

vajra-puspe

7. 金剛燈菩薩

二手握拳併靠，兩拇指豎直並立，近於心前表心燈。

【真言】

嚩日囉路計

vaja'āloke

8. 金剛塗菩薩

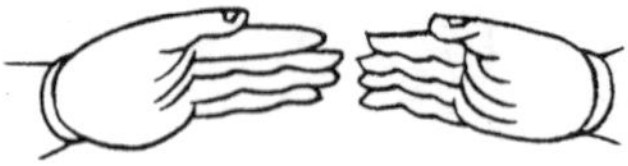

雙手外縛，解開外縛，右在上左在下，向左右拉開（將香塗在身上的意思）。

【真言】

嚩日囉巘提

vajra-gandhe

四攝菩薩

1.金剛鈎菩薩

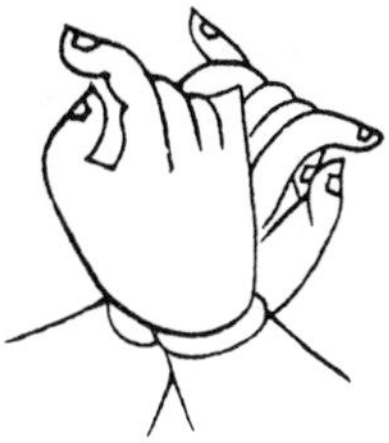

二手作金剛拳，相鈎二小指，舒右食指作鈎當心。

【真言】

嚩日囕酤舍

vajrāṅkuśa

2.金剛索菩薩

二拳相背，二拇指入掌內，二小指相鉤，狀如羂索。

【真言】

嚩日囉播舍

vajra-pāśa

3.金剛鏁菩薩

二手作金剛拳，二小指、食指相鉤如鎖形。

【真言】

嚩日囉塞普吒

vajra-sphoṭa

4.金剛鈴菩薩

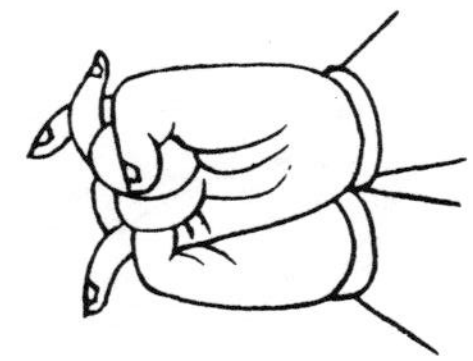

二拳相背，二小指、食指各相鉤，腕微搖動。

【真言】

嚩日囉吠舍

vajr'āveśa

5.賢劫十六尊

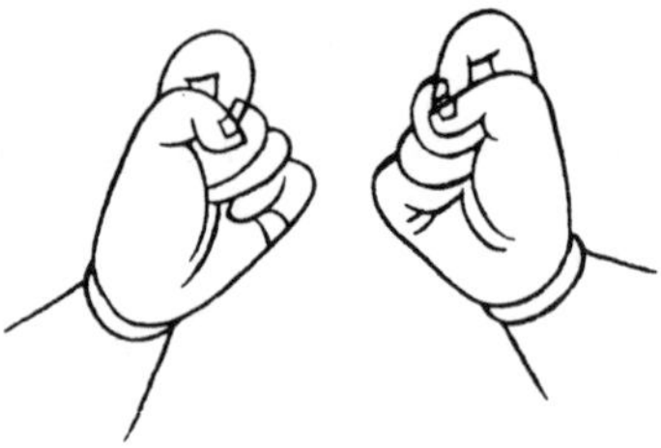

以長吽觀想賢劫十六菩薩，右手金剛拳當心，左手亦作拳，舒肘右繞，長吽十六遍。(檜尾記)

6.二十天

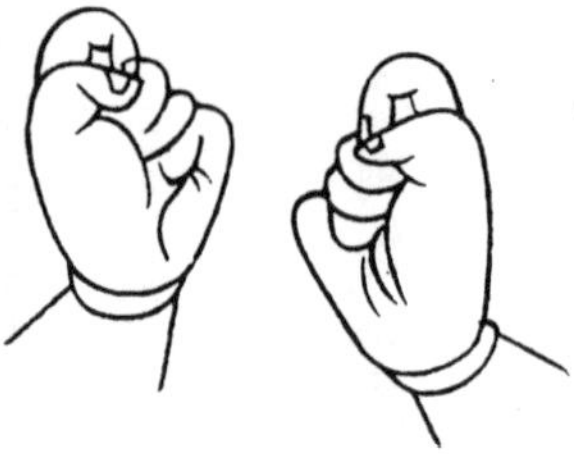

印相同前，但改左繞，吽二十遍。

◎三昧耶會

五佛

1.大日如來

雙手外縛，二大、二中、二小指直立相對，立起二食指向內彎曲，靠近中指背。

【真言】

嚩日囉惹孥喃　婀

vajra-jñāna　a

2.阿閦如來

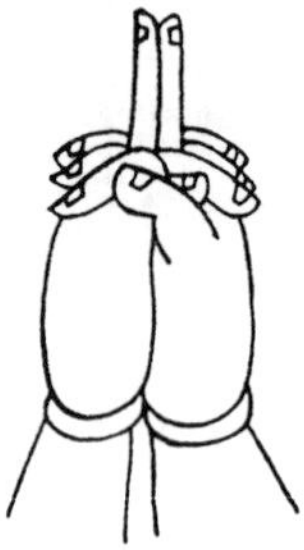

兩手外縛，二中指直豎相合。

【真言】

嚩日囉惹拏喃 吽

vajra-jñāna hūṃ

3.寶生如來

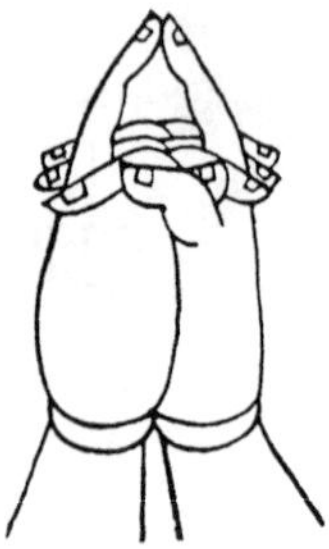

兩手外縛，二中指伸展略彎曲，指尖相觸。

【真言】

嚩日囉枳惹南 怛咯

vajra-jñāna trāḥ

4.阿彌陀如來

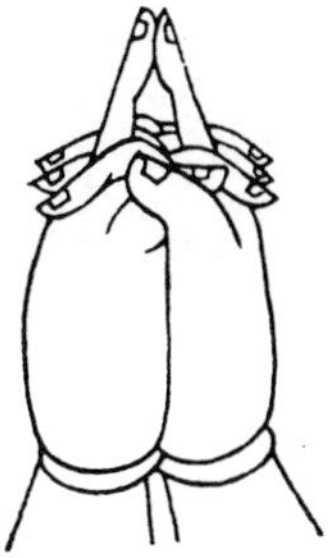

兩手外縛，二中指申豎如蓮葉。

【真言】

嚩日囉枳惹南 噸利

vajra-jñāna hrīḥ

5.不空成就如來

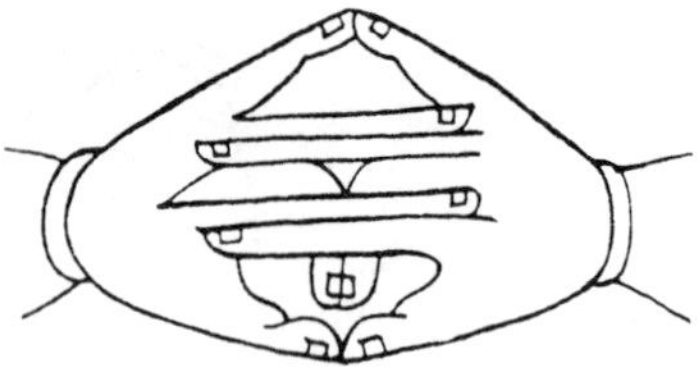

兩手外縛，二中指屈入掌中，指面相合，掌面向下，二大拇指、小指申直相對。

【真言】

嚩日囉惹拏喃　婀

vajra-jñāna　a

十六菩薩

1.金剛薩埵菩薩

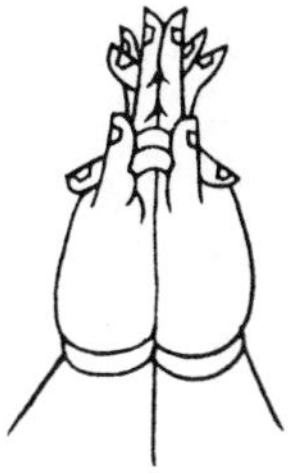

雙手外縛，立起二中指相對，二拇指、二小指分開豎立。

【真言】

三昧耶薩　怛鑁

samayas　tvam

2.金剛王菩薩

二手金剛外縛，二食指屈如鉤形，指端不相接。

【真言】

阿娜耶薩縛

ānayasva

3.金剛愛菩薩

兩手外縛作拳，伸二食指相叉，兩拇指相交。

【真言】

阿呼 蘇佉

aho sukha

4.金剛喜菩薩

二手金剛外縛，二食指屈入掌，背相著，以拇指捻食指側，三彈指。

【真言】

唵 薩哩嚩毗尸哥倪也泥 吽

oṃ sarvābhiṣeka-jñāna hūṃ

5.金剛寶菩薩

兩手金剛外縛，二大拇指並豎，二食指豎相拄如寶形。

【真言】

蘇摩賀怛鑁

su-mahās tvam

6.金剛光菩薩——羯磨會光菩薩印

二食指彎屈如寶形，二拇指豎立，餘六指伸如光線，旋轉三遍。

【真言】

嚕布儞庾多

rūpoddyote

7.金剛幢菩薩

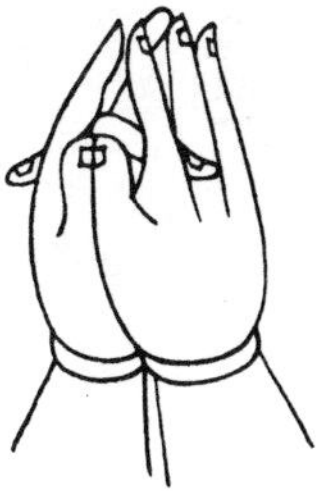

二食指屈如寶形，二拇指豎立，餘六指伸如光線，如前印。

二大指、二食指不變，二中指外縛，二小指、二無名指直立相對，做如幢形。

【真言】

阿哩他鉢囉必帝

artha-prāptir

8.金剛笑菩薩

雙手外縛，彎曲二食指、二中指、二小指做寶形，二大拇指並立。

【真言】

訶　訶　吽　訶

ha　ha　hūṃ　ha

9.金剛法菩薩

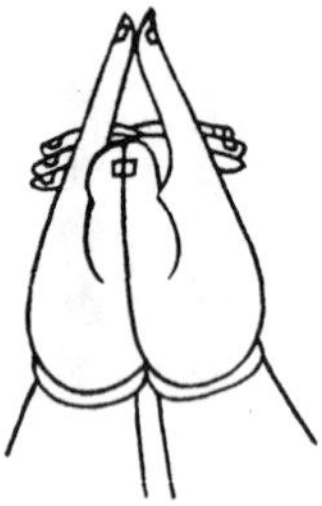

兩手外縛，二拇指豎直並立，二食指屈如蓮華葉。

【真言】

薩哩嚩迦哩

sarva-kāri

10.金剛利菩薩

雙手外縛，二中指並立成劍形。

【真言】

耨佉砌那

duḥkha-ccheda

11. 金剛因菩薩

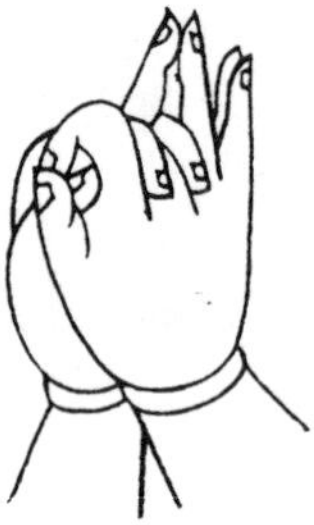

雙手外縛，二無名指對立，二小指豎直相併。

【真言】

沒馱冒地

buddha-bodhir

12. 金剛語菩薩

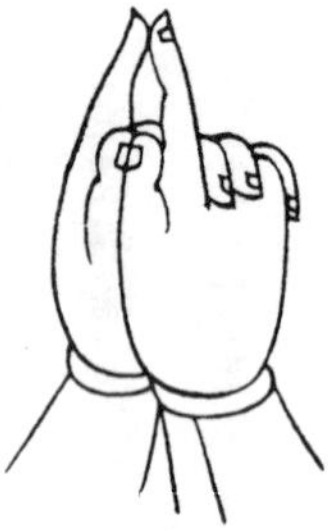

雙手外縛，二食指做成蓮形，二拇指併立。

【真言】

鉢囉帝攝沒那

pratiśabdha

13.金剛業菩薩

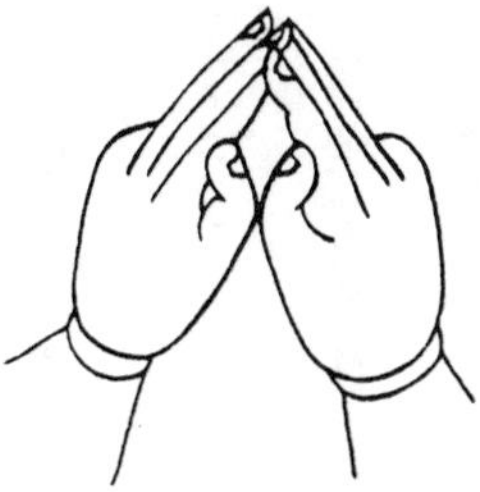

將二食指、二中指、二無名指的六指相交，手掌向下，以二大拇指壓二小指指甲。

【真言】

薩嚩始　怛鑁

su-vaśi　tvam

14.金剛護菩薩

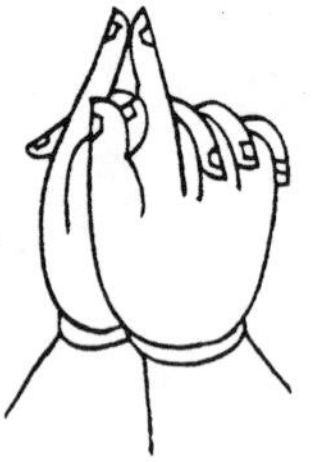

雙手外縛，二食指伸豎相合如針狀。

【真言】

儞哩婆野薩　怛鑁

nirbhayas　tvam

15.金剛牙菩薩

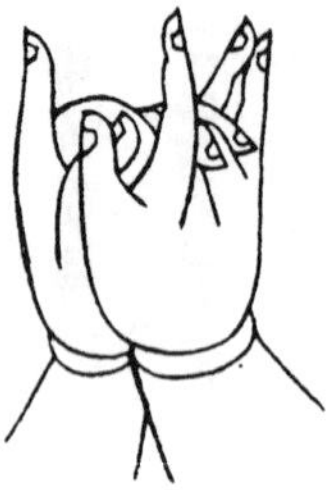

雙手外縛，二小指並立，二食指伸立如鉤。

【真言】

設咄嚕薄叉

śatru-bhakṣa

16.金剛拳菩薩

雙手外縛，二拇指放入掌中，壓二小指根，豎立二食指彎曲後壓二拇指背。

【真言】

薩哩嚩悉提

sarva-siddhir

八供養

1.金剛喜菩薩

雙手外縛，二大拇指與二食指彈指二度。

【真言】

摩賀囉帝

mahā-rati

2.金剛鬘菩薩

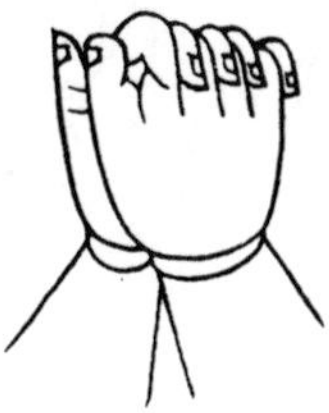

雙手外縛，二拇指並豎，置前額。

【真言】

嚕波　輸婆

rūpa-śobhā

3.金剛歌菩薩

雙手外縛，仰掌放在臍下，從臍至口散之。

【真言】

率嚕怛羅燥契野

śrotra-saukhyā

4.金剛舞菩薩

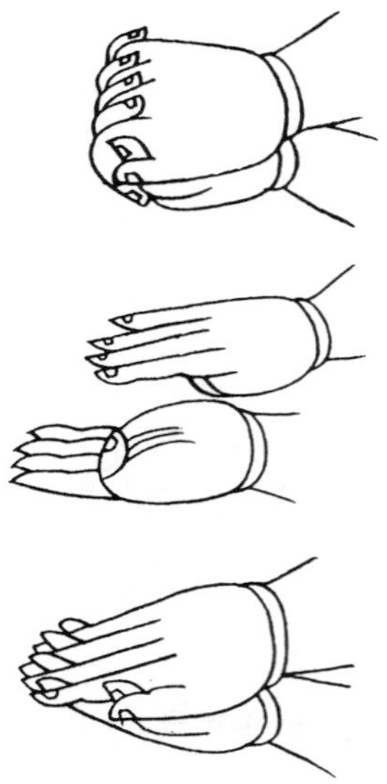

雙手外縛，解開外縛分開雙掌，將二拇指橫放掌中，於心前相向做三次舞儀，雙手做金剛合掌於頂上。

【真言】

薩哩嚩布惹

sarva-pūjā

5.金剛香菩薩

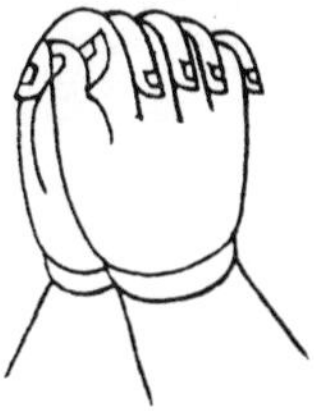

雙手外縛，二掌向下開散。

【真言】

鉢囉賀羅儞儞

prahlādini

6.金剛華菩薩

雙手外縛，仰掌分開如獻華向上舉。

【真言】

頻羅誐摩

phal’āgāmi

7.金剛燈菩薩

雙手外縛，大拇指伸豎並立。

【真言】

蘇帝惹屹哩

su-tejāgri

8.金剛塗香菩薩

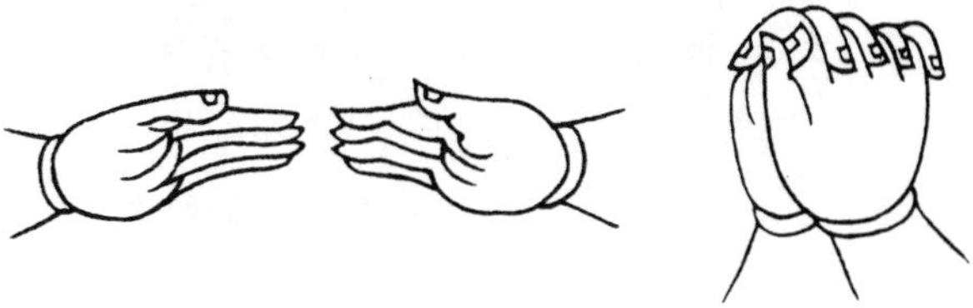

雙手外縛，而後解開外縛，右在上左在下，向左右拉開（將香塗在身上的意思）。

【真言】

蘇巘唐儗

su-gandhāngi

四攝菩薩

1.金剛鉤菩薩

雙手外縛，右手食指屈申如鉤。

【真言】

阿邪呬　弱

āyāhi　jaḥ

2.金剛索菩薩

雙手外縛，右大拇指放入左手大拇指與食指之間的虎口。

【真言】

阿呬 吽 吽

āhi hūṃ hūṃ

3.金剛鏁菩薩

雙手外縛，將右拇指從左拇指上放入掌中，再與右食指做成二環，左手也相同。

【真言】

唎　薩普吒　鑁

he　sphoṭa　vaṃ

4.金剛鈴菩薩

雙手外縛，二拇指放入掌內，三搖之。

【真言】

健吒　惡　惡

ghaṇṭa　aḥ　aḥ

⊙大供養會－外縛印

十指在外交叉相縛，即雙手外縛。

五佛

1.大日如來

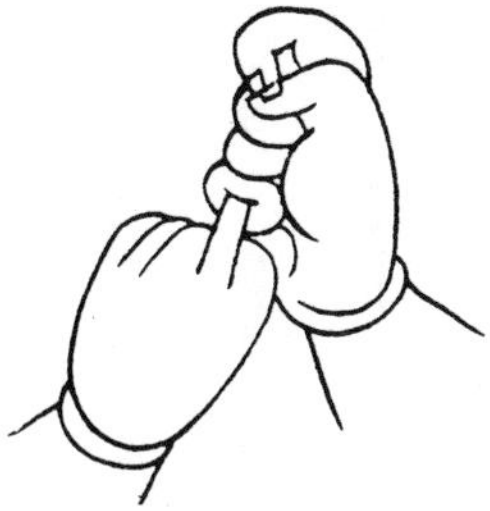

以左手彎屈大指放入掌中，以小、無名、中、食指握住；右手握小、無名、中指。大指稍許彎曲壓在中指彎曲側，彎曲食下節指立於大指指甲上，以右手小指深握左手的食指。

【真言】

唵 薩哩嚩怛他誐多鉢囉倪也播囉彌多 徧哩賀賴窣覩奴彌 摩賀瞿沙耨詣 談

oṃ sarva-tathāgata-prajñā-pāramitā-nirhāraiḥ stunomi mahā-ghoṣā nuge dhaṃ

2.東方不動佛

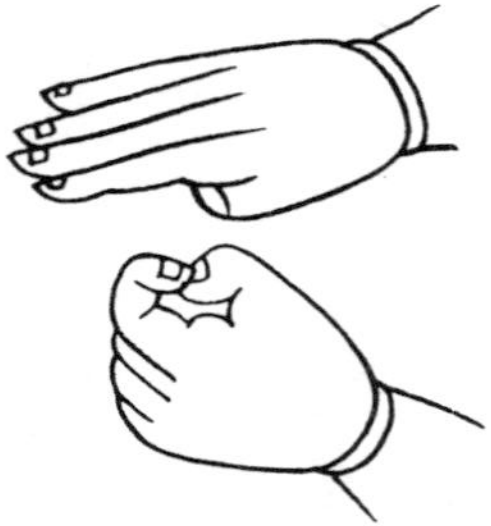

左拳仰上貼靠於臍，伸直右手四指，拇指微彎，覆蓋右膝。

【真言】

唵 薩哩嚩怛他誐多嚩日囉薩埵耨多囉布惹颯頗囉拏葛哩摩三摩曳 吽

oṃ sarva-tathāgata-vajra-satvānuttara-pūjā-spharaṇa-samaye hūṃ

3.南方寶生佛

左拳仰上貼靠於臍，伸直右手四指，拇指微彎。

【真言】

唵 薩哩嚩怛他誐多嚩日囉囉怛那耨多囉布惹葛哩摩颯頗囉拏三摩曳 吽

oṃ sarva-tathāgata-vajra-ratnānuttara-pūjā-spharaṇa-samaye hūṃ

4.西方阿彌陀佛

雙手外縛，彎曲食指中節，指背相對，二拇指橫在其端上。

【真言】

唵　薩哩嚩怛他誐多嚩日囉達哩摩耨多囉布惹颯頗囉拏葛哩摩三摩曳　吽

oṃ　sarva-tathāgata-vajra-karmānuttara-pūjā-spharaṇa-samaye　hūṃ

5. 北方不空成就佛

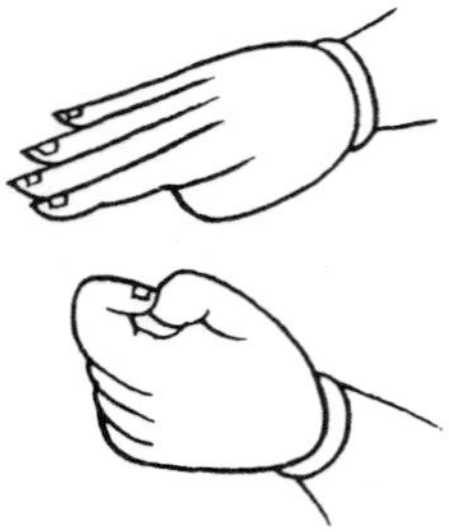

左拳按左臍，右肘直立，四指伸直，拇指向掌內微彎。

【真言】

唵　薩哩嚩怛他誐多嚩日囉葛哩摩耨多囉布惹颯頗囉拏葛哩摩三摩曳　吽

oṃ　sarva-tathāgata-vajra-karmānuttara-pūjā-spharaṇa-samaye　hūṃ

四波羅蜜菩薩

1.金剛波羅蜜

左拳按在臍，右肘直立，四指伸直掌向外而立。同阿閦如來印。

【真言】

薩埵嚩日哩

satva-vajri

2.寶波羅蜜

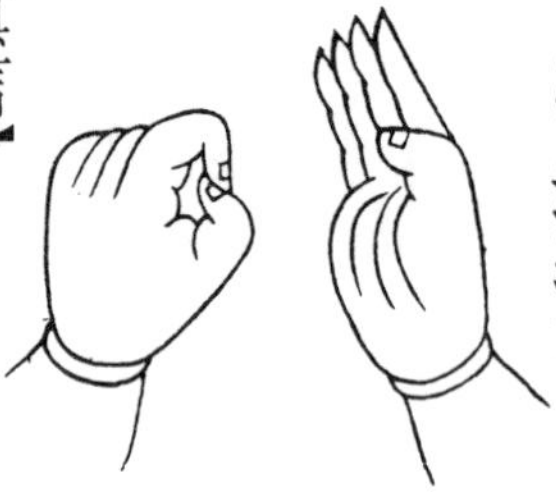

左拳仰上按在臍，伸直右手四指，大指微彎，同寶生如來手印。

【真言】

唵　囉怛曩嚩日哩　怛咯

oṃ　ratna-vajri　trāḥ

3.法波羅蜜

雙手外縛，彎曲雙手食指中節，指背相對，二拇指橫在其端上，即彌陀定印。

【真言】

唵 達囉摩嚩日哩 紇哩以

oṃ dharma-vajri hrīḥ

4. 羯磨波羅蜜

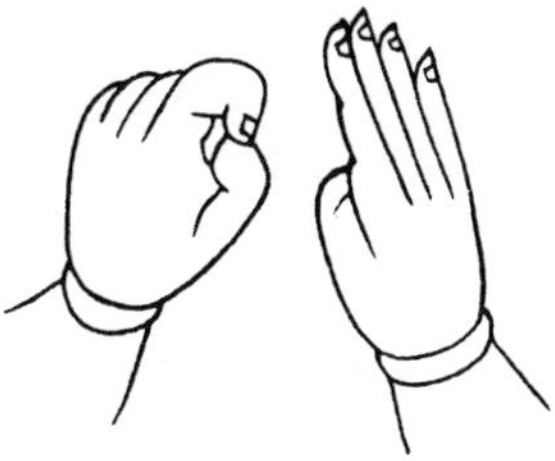

左手握小、無名、中指。拇指稍許彎曲壓在中指彎曲側、彎曲食指立於大指甲上，右手伸直四指，拇指向掌內微彎，同不空成就如來。

【真言】

迦嚕摩縛日哩

karma-vajri

十六菩薩

1.金剛薩埵

雙手外縛當心。

【真言】

唵　薩嚩怛他誐哆薩嚩怛磨顊哩也哆曩布惹娑頗囉拏迦囉磨嚩日哩　噁

oṃ sarva-tathāgata-sarv'ātma-niryātana-pūjā-spharaṇa-karma-vajhi aḥ

2.金剛王菩薩

雙手外縛置左脇。

【真言】

唵 薩哩嚩怛他誐哆薩嚩哩怛摩儞哩也怛那葛哩沙拏布惹颯頗囉拏葛哩摩屹哩 弱

oṃ sarva-tathāgata-sarv'ātma-niryātana-pūjā-spharaṇa-karmāgri jjaḥ

3.金剛愛菩薩

雙手外縛置右脇。

【真言】

唵 薩哩嚩怛他誐多薩哩嚩怛摩儞哩也怛那耨囉誐拏布惹颯頗囉拏葛哩摩嚩
尼 吽 呼

oṃ sarva-tathāgata-sarv'ātma-niryātanānurāgaṇa-pūjā-spharaṇa-karma-
vāṇe hūṃ hoḥ

4.金剛喜菩薩

雙手外縛，置腰後。

【真言】

唵　薩哩嚩怛他誐多薩哩嚩怛摩儞哩也怛那娑度葛囉布惹颯頗囉拏葛摩靚瑟
致　惡

oṃ　sarva-tathāgata-sarv' ātma-niryātana-sādhu-kāra-pūjā-spharaṇ
a-karma-tuṣṭi　aḥ

5.金剛寶菩薩

雙手外縛，置額前。

【真言】

唵　那莫　薩哩嚩怛他誐多葛野毗尸葛囉怛泥毗踰　嚩日囉摩尼　唵

oṃ namaḥ sarva-tathāgata-kāyābhiṣeka-ratnebhyo vajra-maṇi oṃ

6.金剛光菩薩

雙手外縛，曲二食指，並立二大拇指，餘六指散開如光狀，三旋轉。

【真言】

唵 那莫 薩哩嚩怛他誐底蘇哩曳毗踰 嚩日囉帝爾儞 入嚩囉 呬

oṃ namaḥ sarva-tathāgata-sū ryebhyo vajra-tejini jvala hrīḥ

7.金剛幢菩薩

外縛，舒臂於前。

【真言】

唵 那莫 薩哩嚩怛他誐多阿賒 波哩布囉拏進多摩尼特嚩惹屹哩毗踰 嚩日囉特嚩惹屹哩 怛嚂

oṃ namaḥ sarva-tathāgat' āśā-paripūraṇa-cintā-maṇi-dhvajāgrebhyo
vajra-dhvajāgre traṃ

8.金剛笑菩薩

外縛，仰口散之。

【真言】

唵 那莫 薩哩嚩怛他誐多摩賀必哩底鉢囉謨馳葛哩毗踰 嚩日囉賀細 郝

oṃ namaḥ sarva-tathāgata-mahā-prīti-prāmodya-karebhyo vajra-hā
se haḥ

9.金剛法菩薩

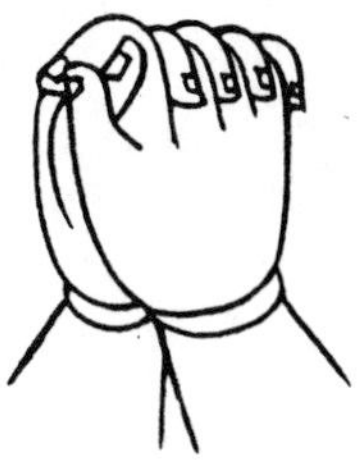

金剛縛當口。

【真言】

唵　薩哩嚩怛他誐多嚩日囉達哩摩多三摩提毗　窣覩奴彌　摩賀達哩摩屹哩
紇哩

oṃ　sarva-tathā-vajra-dharmatā-samādhibhiḥ　stunomi　mahā-dharmā
gri　hrīḥ

10.金剛利菩薩

金剛縛，右耳上當之。

【真言】

唵　薩哩嚩怛他誐多鉢囉倪也播囉彌多窣俻哩賀賴　覩奴彌　摩賀瞿沙耨諳
談

oṃ sarva-tathāgata-prajñā-pāramitā-nirhāraiḥ stunomi mahā-ghoṣā
nuge dhaṃ

11.金剛因菩薩

金剛縛，左耳上當之。

【真言】

唵 薩哩嚩怛他誐多作訖囉叉囉波哩嚩哩多薩哩嚩蘇怛囕多那拽 窣覩奴彌
薩哩嚩曼拏梨 吽

oṃ sarva-tathāgata-cakrākṣara-parivart'ādi-sarva-sūtrānta-nayaiḥ
stunomi sarva-maṇḍale hūṃ

12.金剛語菩薩

雙手外縛，置頂後。

【真言】

唵 薩哩嚩怛他誐多嚩多散馱婆沙沒馱僧倪底毗哩 誐焰 窣覩奴彌 嚩日囉嚩際 鑁

oṃ sarva-tathāgata-saṃdhābhāṣa-buddha-saṃgītibhir gāyan stunomi vajra-vāce vaṃ

13.金剛業菩薩

雙手外縛，印安於頂上。

【真言】

唵 薩哩嚩怛他誐多度波彌伽颯頗囉拏布惹葛哩彌 葛囉 葛囉

oṃ sarva-tathāgata-dhūpa-megha-spharaṇa-pūjā-karme kara kara

14.金剛護菩薩

雙手外縛，於右肩安置。

【真言】

唵　薩哩嚩怛他誐多嚩多補瑟波鉢囉薩囉拏颯頗囉拏布惹葛哩彌　吉哩　吉哩

oṃ　sarva-tathāgata-puṣpa-prasara-spharaṇa-pūjā-karme　kiri　kiri

15.金剛牙菩薩

雙手外縛，於右股上安置。

【真言】

唵　薩哩嚩怛他誐多阿路葛入嚩羅颯頗囉拏布惹葛哩彌　婆囉　婆囉

oṃ　sarva-tathāgat'āloka-jvālā-spharaṇa-pūjā-karme　bhara　bhara

16.金剛拳菩薩

雙手外縛，於心上安置。

【真言】

唵 薩哩嚩怛他誐多巘馱三母捺囉颯頗囉拏布惹葛哩彌 酤嚕 酤嚕

oṃ sarva-tathāgata-gandha(-megha)-samudra-spharaṇa-pūjā-karme kuru kuru

十七雜供養

1.散華

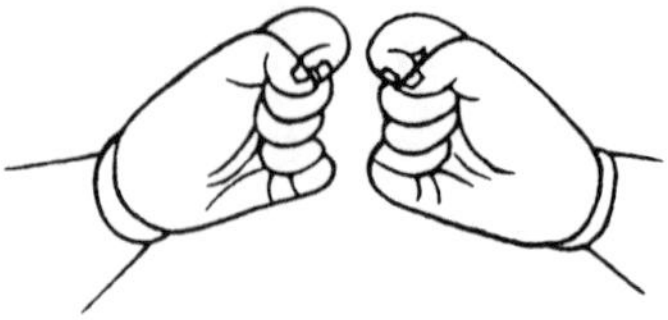

雙手結金剛拳仰上往口方向而散。

【真言】

唵　薩婆怛他揭多補瑟波布穰暝伽三慕達羅　窣發羅拏三末曳　吽

oṃ　sarva-tathāgata-puṣpa-pūja-megha-samudra-spharaṇa-samaye　hūṃ

2.燒香

雙手金剛拳相並，向下散。

【真言】

唵 薩婆怛他揭多杜婆布穰暝伽三慕達羅窣發羅拏三末曳 吽

oṃ sarva-tathāgata-dhūpa-pūja-megha-samudra-spharaṇa-samaye hūṃ

3.燈明

雙手作金剛拳，大拇指豎而並立，食指彎曲相對當心。

【真言】

唵　薩婆怛他揭多儞婆布穰暝伽三慕達羅窣發羅拏三末曳　吽

oṃ　sarva-tathāgata-dipa-pūja-megha-samudra-spharaṇa-samaye　hūṃ

4.塗香

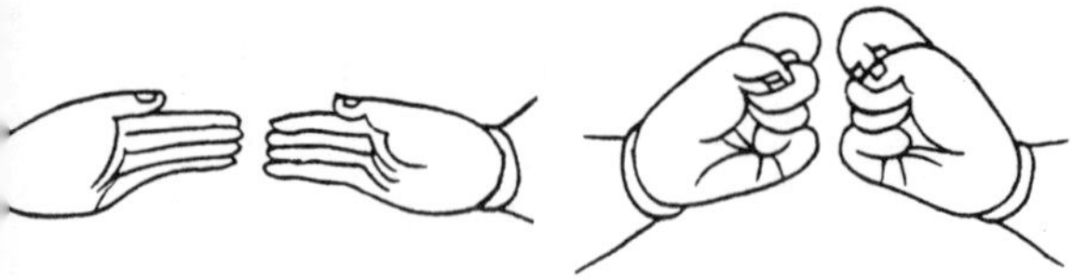

雙手作金剛拳仰上；開掌塗胸。

【真言】

唵　薩婆怛他揭多　健陀布穰暝伽三慕達囉　窣發羅拏三

末曳　吽

oṃ sarva-tathāgata-gandha-pūja-megha-samudra-spharaṇa-samaye hūṃ

5.寶類

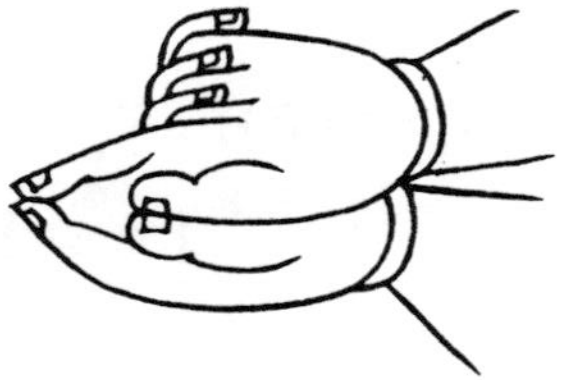

雙手外縛，伸二食指相接，彎曲如寶形，二拇食指豎而並立。

【真言】

唵 薩婆怛他揭多部蕩伽過囉哆那稜伽那布穰暝伽三慕達囉窣發羅拏三末曳 吽

oṃ sarva-tathāgata-bodhyaṅga-ratnālaṃkāra-pūja-megha-samudra-spharaṇa-samaye hūṃ

6. 翫具

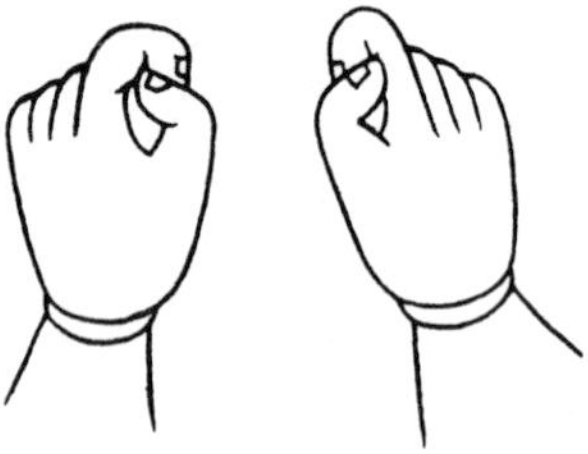

雙手作金剛拳，二拇指放入掌中，各面向下，當腰側。

【真言】

唵 薩婆怛他揭多訶寫邏寫訖哩陀曷囉底掃佉阿努怛羅布穰暝伽三慕達囉
窣發囉拏三末曳 吽

oṃ sarva-tathāgata-hāsya-lāsya-krīḍa-rati-saukyānuttara-pūja-megha-sam
udra-spharaṇa-samaye hūṃ

7. 寶樹

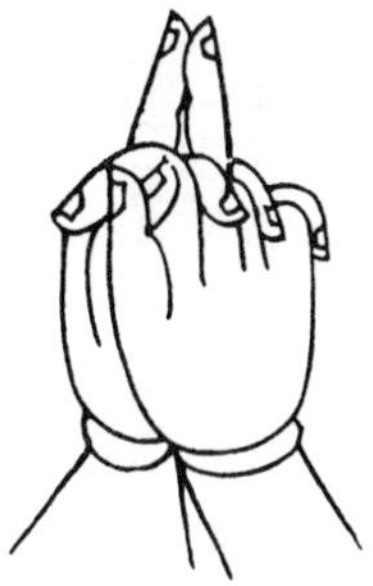

雙手外縛，伸直二中指相對，成獨鈷印，置於心，表勇健菩提心。

【真言】

唵　薩婆怛他揭多阿努怛囉婆日嚕跛摩三摩地婆鉢那跛那部折那網薩那布穰暝伽三慕達羅窣發囉拏三末曳　吽

oṃ　sarva-tathāgatānuttara-vajropama-samādhi-bhāvan'āpana-bhojana-vasana-pūja-megha-samudra-spharaṇa-samaye　hūṃ

8.承事

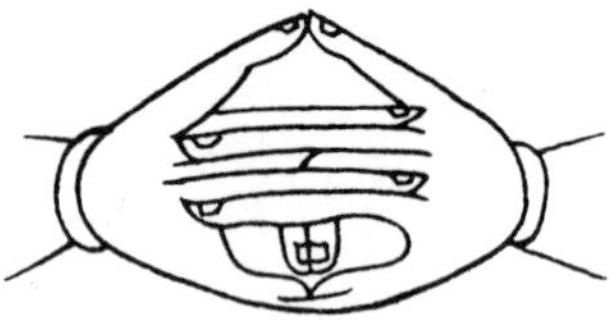

外縛後直立中指，二中指放入掌中，指面相對向下，直立二拇指、二小指相對。

【真言】

唵　薩婆怛他揭多迦耶禰耶怛那布穰暝伽三慕達囉窣發囉拏三末曳　吽

oṃ　sarva-tathāgata-kāya-niryātana-pūja-megha-samudra-spharaṇa-samaye　hūṃ

9. 觀法

雙手外縛，彎曲雙手食指中節，指背相對，二拇指橫在其端上；即彌陀定印。

【真言】

唵 薩婆怛他揭多質多禰耶怛那布穰暝伽三慕達囉窣發囉拏三末曳 吽

oṃ sarva-tathāgata-citta-niryātana-pūja-megha-samudra-spharaṇa-samaye hūṃ

10.布施

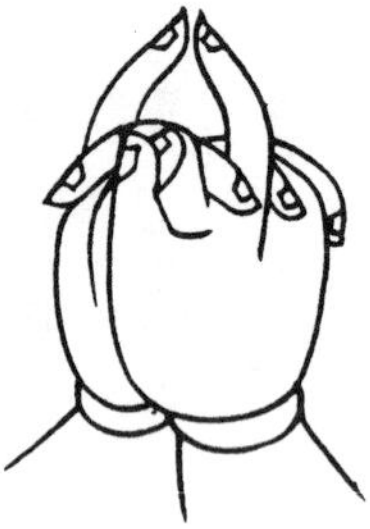

雙手外縛後直立二中指，二中指做寶形。

【真言】

唵　薩婆怛他揭多摩訶跋折嚕嗢婆摩怛那波羅蜜多布穰瞑伽三慕達囉窣發囉拏三末曳　吽

oṃ sarva-tathāgata-mahā-vajrodbhava-dāna-pāramitā-pūja-megha-samud-ra-spharaṇa-samaye　hūṃ

11. 淨戒

外縛，開掌塗胸，如塗香菩薩三昧耶印。

【真言】

唵　薩婆怛他揭多阿耨多囉摩訶部馱賀囉俱舍囉波羅蜜多布穰瞑伽三慕達囉窣發囉拏三末曳　鉡

oṃ sarva-tathāgatānuttara-mahā-bodhy-āhāraka-śila-pāramitā-pūja-megha-samudra-spharaṇa-samaye hūṃ

12.安忍

如阿閦佛之觸地印，於頂散。

【真言】

唵　薩婆怛他揭多阿耨多羅摩訶達磨網報陀乞叉地波羅蜜多布穰暝伽三慕達囉窣發囉拏三末曳　鈝

oṃ　sarva-tathāgatānuttara-mahā-dharmāvabodha-kṣānti-pāramitā-pūja-megha-sam-udra-spharaṇa-samaye　hūṃ

13.精進

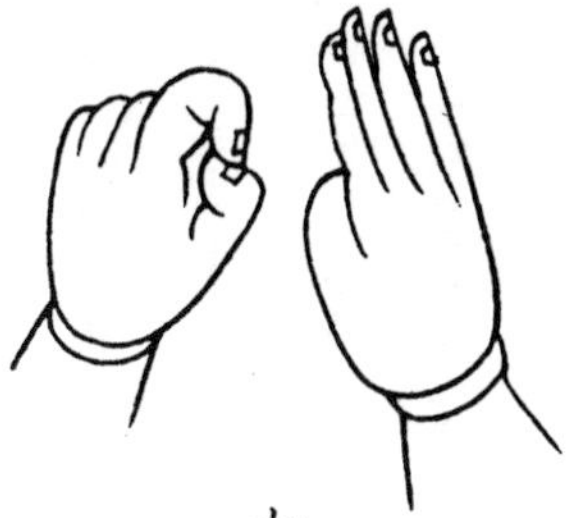

右手伸直四指，彎曲拇指，左手做金剛拳。

【真言】

唵　薩婆怛他揭多僧娑囉訶鉢哩哆伽摩訶毗離耶波羅蜜多布穰瞑伽三慕達囉窣發囉拏三末曳　鈝

oṃ　sarva-tathāgata-saṃsārāparityāgānuttara-mahā-vīrya-pāramitā-pūja-megha-samudra-spharaṇa-samaye　hūṃ

14. 禪定

雙手外縛，彎曲雙手食指中節，指背相對，二拇指橫在其端上，即彌陀定印。

【真言】

唵　薩婆怛他揭多阿耨多囉摩訶掃溪毗賀囉馱那婆囉蜜多布穰暝伽三慕達囉發囉拏三末曳　吽

oṃ　sarva-tathāgatānuttara-mahā-saukhya-vihāra-dhyāna-pāramitā- pū ja-megha-samu-dra-spharaṇa-samaye　hūṃ

15.智慧

右手做金剛拳，左手做蓮花拳，伸直左手蓮華拳的食指，用右手金剛拳深握，即大日如來智拳印。

【真言】

唵　薩婆怛他揭多阿耨多羅憂囇沙寧耶嚩囉拏婆薩那彌奈耶那摩訶鉢㗚穰波羅密多布穰暝伽　三慕達囉窣發囉拏　三末曳　鈝

oṃ sarva-tathāgatānuttara-kleśa-jñey'āvaraṇa-vāsanā-vinayana-mahā-prajñā-pāram-itā-pūja-megha-samudra-spharaṇa-samaye hūṃ

16.解脫

雙手外縛，二拇指的指端相對立，開掌於臍上。

【真言】

唵 薩婆怛他揭多 悟呬耶摩訶鉢哩鉢底布穰暝伽三慕達囉 窣發囉拏三末曳 餅

oṃ sarva-tathāgata-guhya-mahā-pratipatti-pūja-megha-samudra-spharaṇā-samaye hūṃ

17. 說法

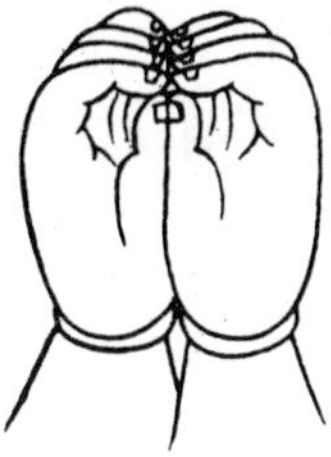

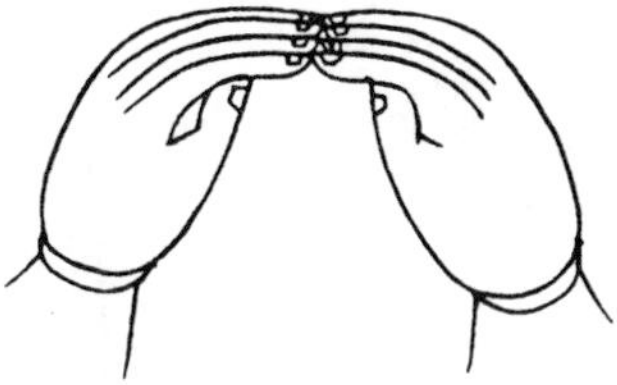

兩手虛心合掌，小指各曲三節，合十指甲，如口形。於一度刺合時，掌中全空，左右大拇指、食指中間、小指中間如網目，於頂上散印。

【真言】

唵　薩婆怛他揭多婆袪禰耶怛那　布穰暝伽三慕達囉　窣發囉拏三末曳　鈝

oṃ　sarva-tathāgata-vākya-niryātana-pūja-megha-samudra-spharaṇa-samaye　hūṃ

⊙四印會

1. 金剛拳大印

右手做金剛拳，左手做蓮華拳，伸直左手蓮華拳的食指，用右手金剛拳深握。

2. 三昧耶印

雙手外縛，二中指伸豎做寶形，同三昧耶會寶生佛之寶印。

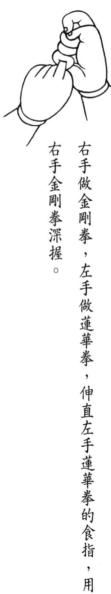

【真言】

薩嚩母捺嚂銘鉢嘌野　婆嚩覩

sarva-mudrāṃ me priyā bhavatu

3. 法印——彌陀定印

雙手外縛，彎屈雙手食指中節，指背相對，二拇指橫在食指指端上，即阿彌陀佛法界定印。

4. 羯磨印——箭印

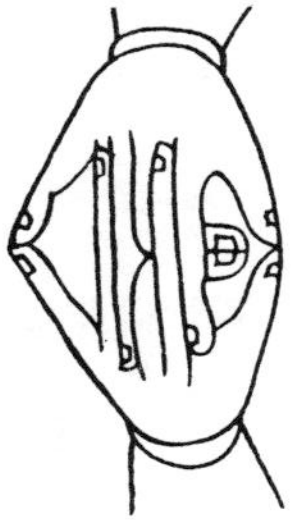

外縛後直立二中指，二中指放入掌中，指面相對向下，直立拇指，二小指相對，如不空成就如來羯磨會印。

【真言】

阿尾儞野 馱嚩帝 銘 薩怛嚩 薩嚩怛佗蘖擔室 者 尾儞野地蘖摩 三嚩囉 三部擔

avidyāṃ dhāvate me sattvāḥ sarva-tathāgatāṃś ca vidyā'dhigama-saṃvarāṃ sambhūtām

◎摩尼供養

金剛合掌，為虛空庫尊大供養印。

【真言】

唵 阿謨伽布惹 麼抳鉢納麼嚩日嚟 怛他蘖哆尾路抧帝 三滿多鉢囉薩囉 吽

oṃ amogha-pūja maṇi-padma-vajre tathāgata-vilokite saman-ta-prasara hūṃ

⊙事供

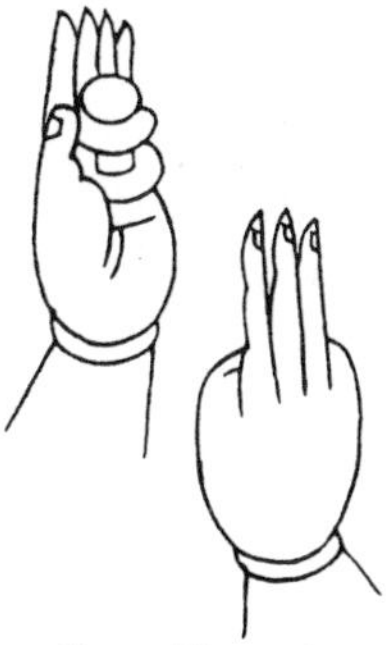

左手中指以下三指並排，稍許彎曲，食指彎曲放在各中指上節上，以拇指壓食指側，將器移置右手結小三鈷之印（五指伸直，以拇指壓小指甲）。

⊙四智讚—金剛合掌

雙手密合，十指指尖交錯，將右手五指置於左手各指之上。

【真言】

唵　嚩日囉薩埵僧屹囉賀　嚩日囉囉怛那摩耨多囕　嚩日囉達哩摩誐野迺

嚩日囉葛哩摩葛哩　婆嚩

oṃ　vajra-satva-saṃgrahād　vajra-ratnam　anuttaraṃ　vajra-dharma

-gāyanaiś　ca　vajra-karma-karo　bhava

⊙垂帶

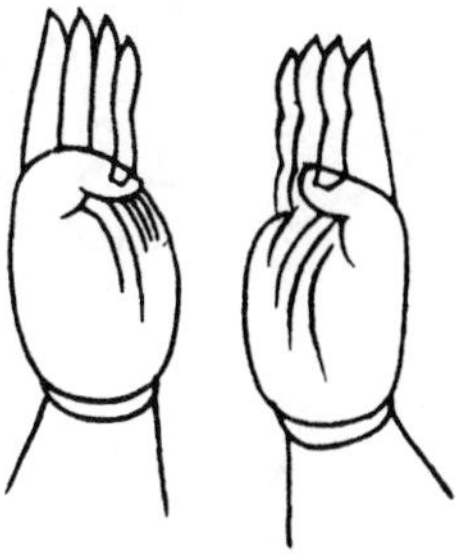

先金剛合掌，再舒伸兩臂，十指舉當額，誦真言，次合掌指頭朝下，從臍向上，掌漸仰開放。

【真言】

縛日囉 囉怛曩

⊙舞儀、拍掌

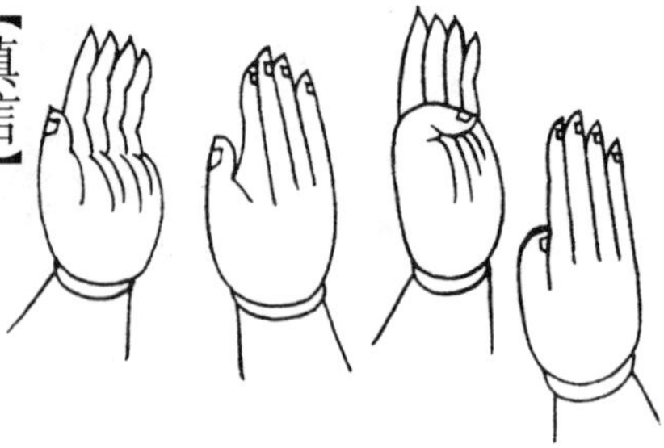

二掌相向，當胸作三度舞儀，三度拍掌，誦真言。

【真言】

唵 嚩日囉哆囉覩瑟使也 斛

oṃ vajra-tala-tuṣya hoḥ

⊙普供養

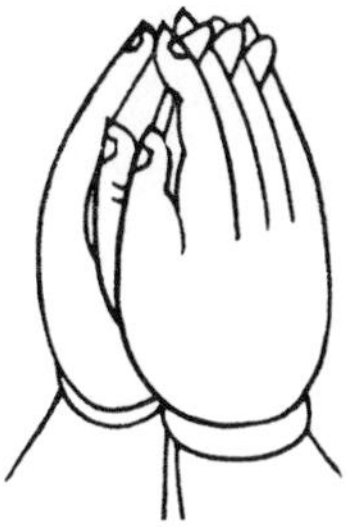

金剛合掌，雙手密合，十指指尖交錯，將右手五指置於左手各指之上。

【真言】

唵 阿謨伽布惹 麼抳鉢納麼嚩日㘑 怛他蘖哆尾路枳帝 三滿多鉢囉薩囉 吽

oṃ mogh-pūja maṇi-padma-vajre tathāgata-vilokite samanta-prasara hūṃ

◉三力

◉小祈願

念誦修習分

◉佛眼

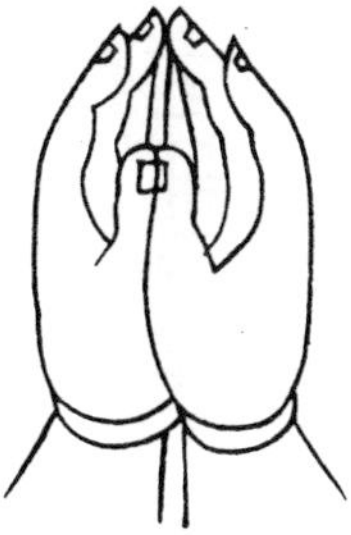

雙手虛心合掌，二食指分別各壓在二中指上節背上。

【真言】

曩謨 婆誐嚩底 瑟抳沙 唵 嚕 嚕 娑跛嚕 入嚩攞 底瑟吒 悉馱
路左抳 薩嚩囉他 娑馱顉曳 娑嚩訶

namo bhagavate uṣṇīṣa oṃ ru ru sphura jvala tiṣṭha
siddhi locane sarvārtha sādhaniye svāhā

⊙本尊羯磨加持

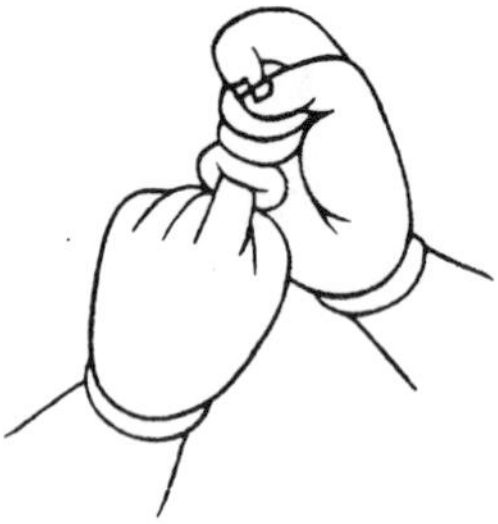

右手做金剛拳，左手做蓮華拳，伸直左手蓮華拳的食指，用右手金剛拳深握，四處加持。

⊙五部百字

1.佛部百字——三昧耶會大日印

金剛外縛，豎二中指相拄，上節屈如劍形，二食指伸附二中指背。

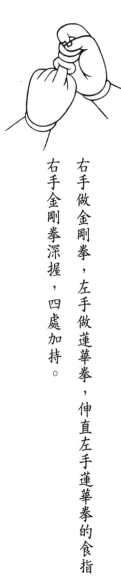

【真言】

唵　跋折囉　薩埵　三摩耶　麼奴波邏耶　跋折囉薩埵哆吠奴烏播底　瑟吒
涅哩荼烏銘婆嚩　素覩沙揄銘婆嚩　阿努囉訖覩銘婆嚩　素補使揄銘婆嚩　薩
婆悉地　含銘般囉野綽　薩婆羯磨素遮銘　質多失唎耶　句嚧　吽　呵呵呵呵
護　薄伽梵　薩婆怛他揭多　跋折囉麼迷悶遮　跋折哩婆嚩摩訶三摩耶薩埵　阿

（五部同用金剛部百字真言）

oṁ　vajra-sattva-samaya　manu　pālaya　vajra-sattvenopatiṣṭha
dṛḍho　me　bhava　sutoṣyo　me　bhava　anurakto　me　bhava
supoṣyame　bhava　sarva-siddhim　me　prayassca　sarva-karmesu
ca　me　cittam　śiyāṁ　kuru　hūm　ha　ha　ha　ha　ho
bhagavaṃ　sarva-tathāgata-vajra　mā　me　munca　vajrībhava
mahā-samaya-sattva　aḥ

2.金剛部百字——同會阿閦尊針印

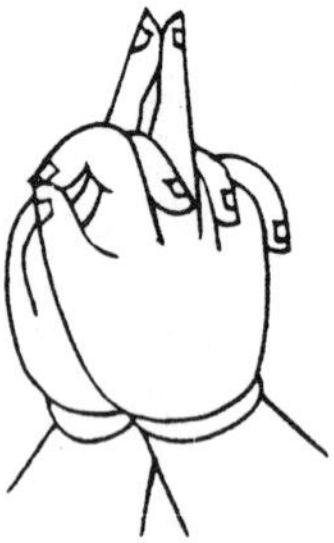

雙手外縛，伸直二中指相合，置於心輪。

3.寶部百字——同會寶生尊印

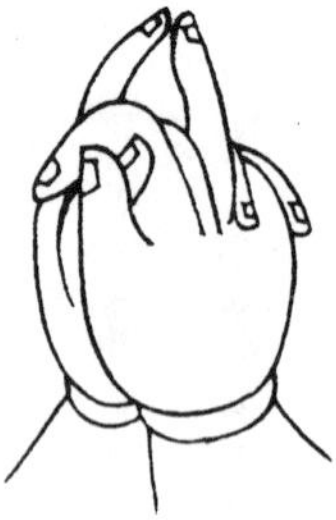

雙手外縛，伸直二中指相拄，如寶形。

4.蓮華部百字—同會無量壽尊蓮印

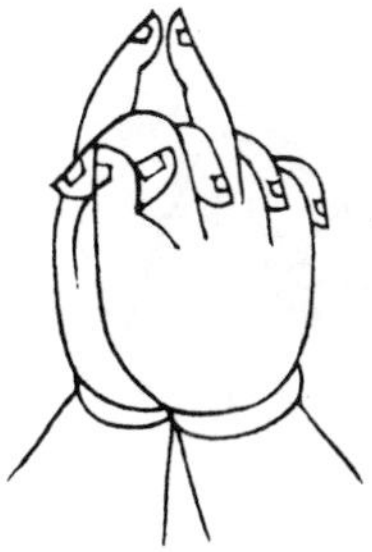

外縛後，直立二中指，二中指表蓮葉。

5.羯磨部百字—同會不空成就尊箭印

外縛後直立二中指，二中指放入掌中，指面相對向下，直立二拇指、二小指相對。

⊙入我我入觀—彌陀定印

雙手外縛，彎曲雙手食指中節，指背相對，二拇指橫放在其端上。

⊙羯磨加持

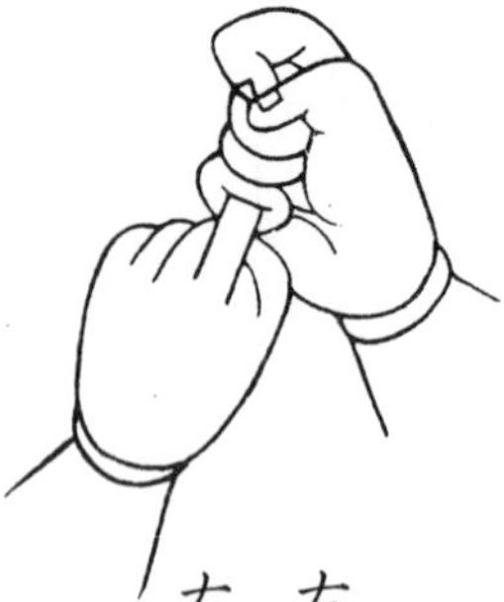

右手做金剛拳，左手做蓮花拳，伸直左手蓮華拳的食指，用右手金剛拳深握。

後供方便分

⊙八供

1.金剛嬉

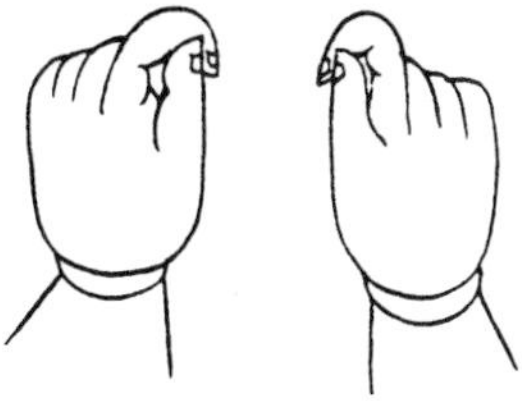

二拳於腰側。

【真言】

嚩日囉邏細

vajra-lāsye

2.金剛鬘

伸雙拳，擊鬘從額後垂。

【真言】

嚩日囉摩梨

vajra-māle

3.金剛歌

雙拳側合，從臍至口散。

【真言】

嚩日囉詣帝

vajra-gīte

4.金剛舞

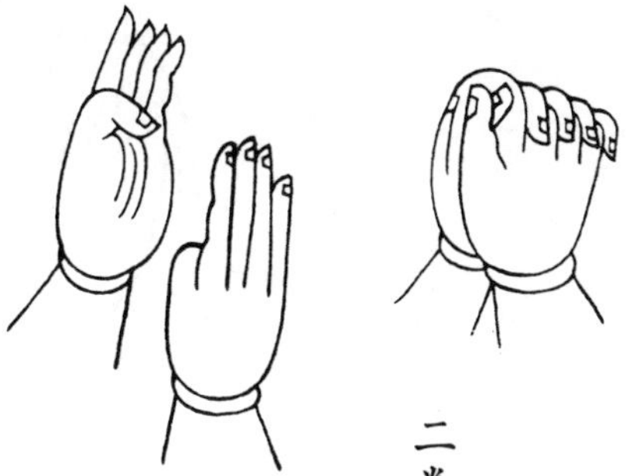

二拳成舞，合掌於頂。

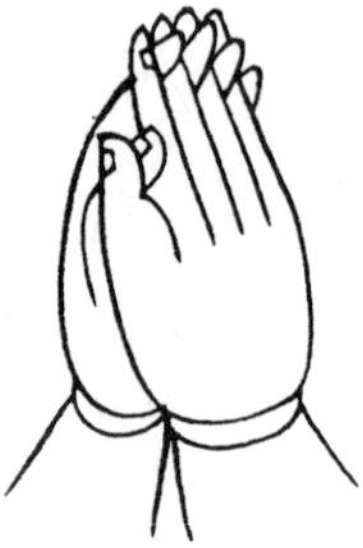

【真言】

嚩日囉涅哩帝

vajra-nrtye

5.金剛香

并拳向下散。

【真言】

嚩日羅度閉

vajra-dhūpe

6.金剛華

兩手外縛，由下散開。

【真言】

嚩日囉布瑟閉

vajra-puspe

7.金剛燈

立合兩拳，大指如針。

【真言】

嚩日囉路計

vajr'āloke

8.金剛塗

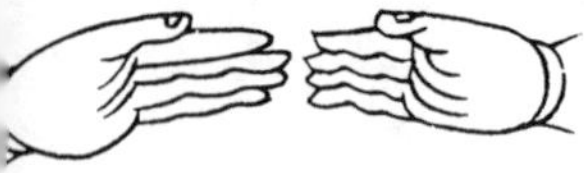

兩手外縛，解開摩胸，如塗香狀。

【真言】

嚩日囉巘提

vajra-gandha

◎普供養

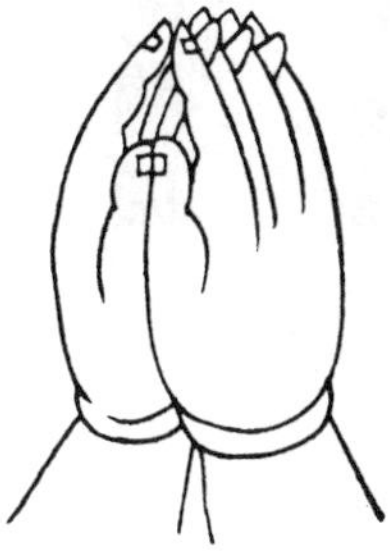

金剛合掌，雙手密合，十指指尖交錯，將右手五指置於左手各指之上。

【真言】

唵　阿謨伽布惹　麼抳鉢納麼嚩日𡅅　怛他蘖哆尾路枳帝　三滿多鉢囉薩囉

吽

oṁ amogha-pūja maṇi-padma-vajre tathāgata-vilokite saman-
ta-prasara hūṃ

◎後供養

◎閼伽

◎後鈴

◎神分

◎祈願

⦿四智讚—善供養印言并三力偈

⦿小祈願

⦿禮佛名號—迴向

⦿至心迴向

⦿解界

⦿大三昧耶

雙手內縛，豎立二中指，指端相對，彎曲二食指如鉤，置於二中指後（稍離二中指，不接觸），二拇指貼於二食指側。

【真言】

唵　商迦隸　摩訶三昧焰　娑縛賀

oṃ　śṛṅkhale　mahā-samayṃ　svāhā

⊙火院

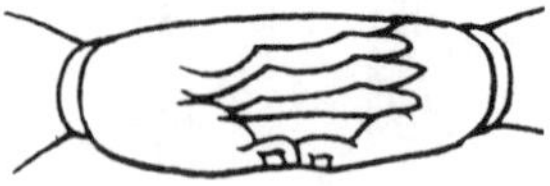

以左掌靠右手背上。二大拇指相觸，覆掌向下。

【真言】

唵 阿三莽擬儞 吽 發吒

oṃ asamāgne hūṃ phaṭ

⊙網界

以右中指放入左食指與中指之間，以右無名指放入左無名指與小指之間（頭部皆出）。以左中指自右中指背放入右食指與中指之間，以左無名指自右無名指背放入右無名指與小指之間。兩小指頭與二食指的指頭均互相支撐。以二大拇指捻二食指之根部，向右三轉。

⊙不動

伸直左手食指、中指，以拇指壓無名指的指甲形成刀鞘，右手也同樣做刀，插入鞘內置於左腿上。拔刀，在右乳房上印面稍許向左安置。左鞘安置在左乳房下方，稍許向身。逆方向三轉，做十方、五處加持。將左鞘恢復原狀置於左腿上，刀回鞘內散印。

⊙降三世

雙手做忿怒拳，雙手背相對鉤結二小指。

【真言】

唵 遜婆 儞遜婆 吽 屹哩恨拏 屹哩恨拏 吽 屹哩恨拏播野 吽 阿那野 呼婆誐鑁 嚩日囉 吽 發吒

śumbha niśumbha huṃ gṛhṇa gṛhṇa huṃ gṛhṇāpaya huṃ ānaya ho bhagavan vajra huṃ phaṭ

◎墻界

以右中指放入左食指與中指之間，以右無名指放入左無名指與小指之間（頭部皆出）。以左中指自右中指背放入右食指與中指之間，以左無名指自右無名指背放入右無名指與小指之間。兩小指頭與二食指的指頭均互相支撐。分開豎立二拇指。

【真言】

唵 薩羅薩羅 嚩日羅鉢羅迦羅 吽 發吒

oṃ sāra-sāra vajra-prākāra hūṃ phaṭ

⊙地結

以右中指放入左食指與中指之間，以右無名指放入左無名指與小指之間（頭部皆出）。以左中指自右中指背放入右食指與中指之間，以左無名指自右無名指背放入右無名指與小指之間。兩小指與二食指的指頭均互相支撐，二拇指向下，指尖相接。唸真言一遍，同時向下壓大地的要領下降（三次）。

【真言】

唵　抧里　抧里　嚩日囉嚩日哩　步囉　滿馱　滿馱　吽　發吒

oṃ kīli kīli vajra-vajri bhūr bandha bandha hūṃ phaṭ

⊙解三昧耶拳

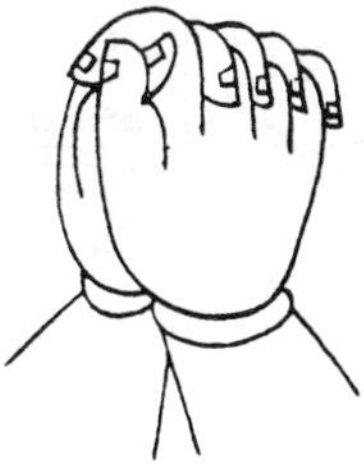

結三昧耶拳，再開結。

【真言】

三昧耶　穆

samaya muḥ

⊙解羯磨拳

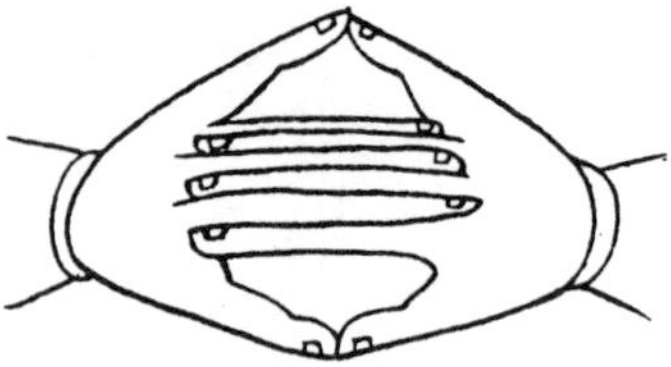

雙手外縛，二拇指、二小指的指端相拄，開掌置於臍上。結羯摩拳，三誦三開。

【真言】

羯磨　穆

karma　muḥ

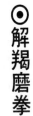

⊙撥遣

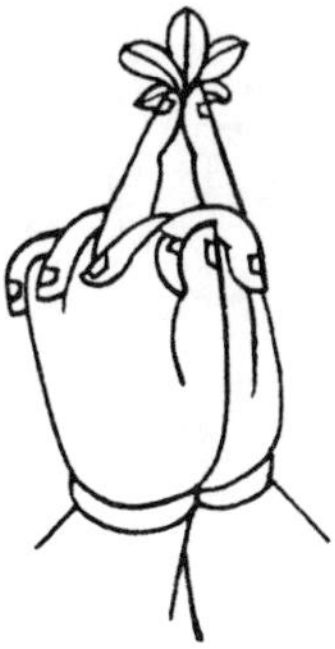

外縛，兩中指竪起，指端相合，誦真言終時俱時投華。

【真言】

唵 訖哩都 嚩 薩哩嚩薩埵哩他 悉提哩捺多 野他耨誐 薩蹉特網 沒駄尾沙焰布那囉誐摩那野 覩 嚩日囉薩埵 穆

oṃ kṛto vaḥ sarva-satvārthaḥ siddhir dattā yathā'nugā gacchadhvaṃ buddha-viṣayaṃpunar āgamanāya tu vajra-satva muḥ

⊙四佛加持

1. 阿閦佛——針印

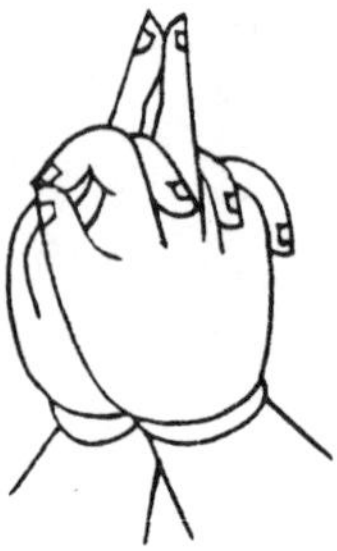

雙手外縛，伸直二中指相合，置於心前。

【真言】

唵　嚩日囉薩怛嚩摩攞鼻詵左　𤚥　鑁

oṃ　vajra-satva-mālābhiṣiñca　māṃ　vaṃ

2.寶生如來——寶印

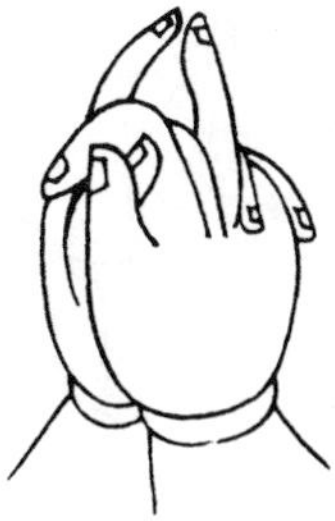

雙手外縛，二中指伸豎相拄如寶形，置於心

【真言】

唵　嚩日囉囉怛曩摩攞鼻詵左　𤚥　鑁

oṃ　vajra-ratna-mālābhiṣiñca　māṃ　vāṃ

3.無量壽佛——蓮印

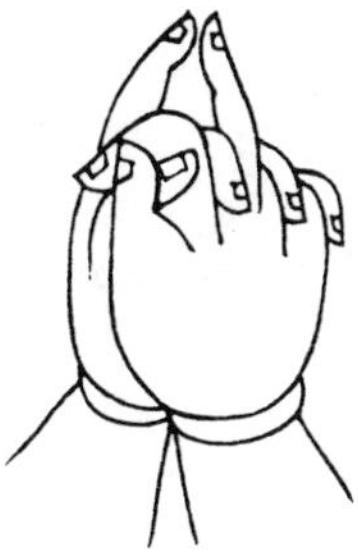

外縛後，二中指伸豎如蓮葉。

【真言】

唵　嚩日囉鉢納磨摩攞鼻詵左　𤚥　鑁

oṃ　vajra-padma-mālābhiṣiñca　māṃ　vāṃ

4.不空成就佛—箭印

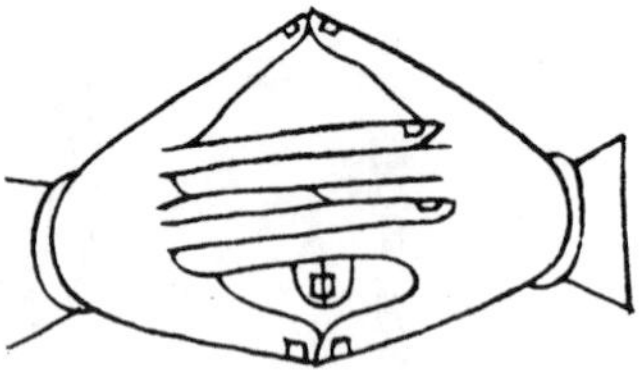

雙手外縛，二中指屈入掌中，指面相對向下，二拇指、二小指申直相合。

【真言】

唵　嚩日囉羯囉磨摩攞鼻詵左　𤚥　鑁

oṃ　vajra-karma-māle　’bhiṣiñca　māṃ　baṃ

⊙甲冑

雙手虛心合掌，以食指壓中指背之上節，並二拇指，壓二中指的中紋。

【真言】

唵 嚩日囉迦嚩際 嚩日哩 句嚕 嚩日邏 嚩日囉 憾

oṃ vajra-kavace vajra kuru vajra-vajro 'haṃ

⦿結冑

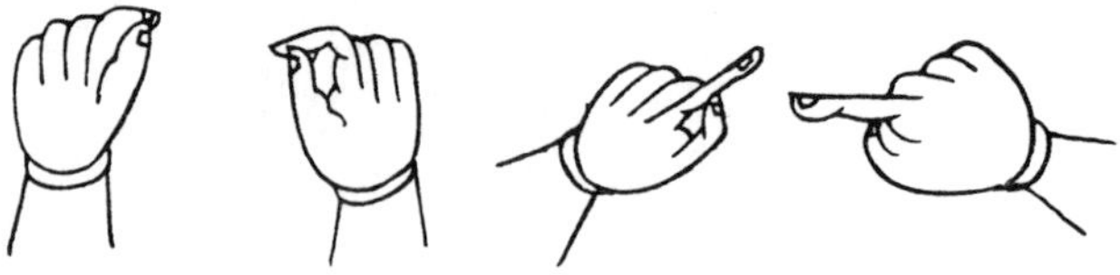

雙手作金剛拳，二食指舒伸，以二拇指捻二食指的中節側面。二手食指相繞三次。二手向左右拉開如結帶姿。

【真言】

唵　砧

oṃ　ṭuṃ

◉舞儀

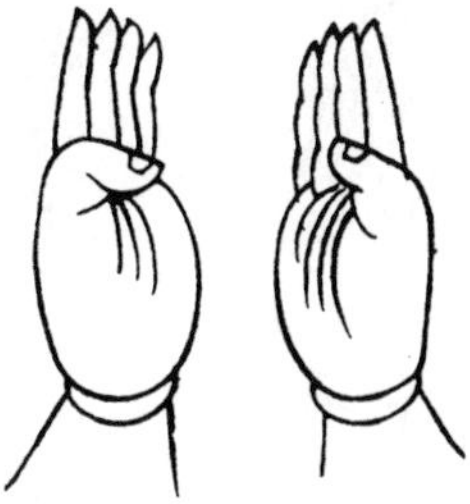

自小指依序打開，旋舞。

◉拍掌

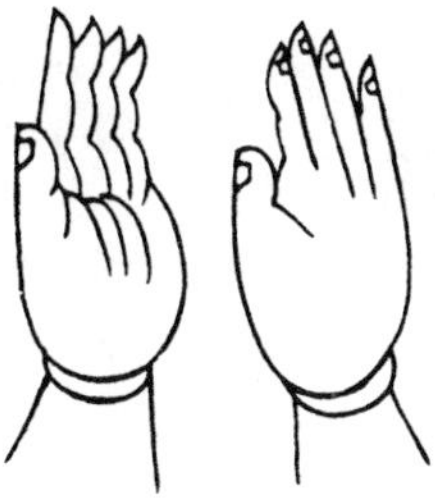

平掌三拍。

【真言】

唵　嚩日囉覩史野　斛

oṃ vajra tuṣya hoḥ

⊙三部

⊙被甲

⊙普禮—金剛合掌

二手相合，十指前端相交，右五指交左五指前，即金剛合掌。

【真言】

嚩日囒若里

vajrāñjali

⦿摺念珠

⦿下禮盤

⦿出道場

佛教小百科18

《密教的修法手印─十八道法・金剛界法》（上冊）

編　者　全佛編輯部
執行編輯　蕭婉甄、劉詠沛、吳霈媜
出　版　全佛文化事業有限公司
永久信箱：台北郵政26-341號信箱
訂購專線：(02)2913-2199
傳真專線：(02)2913-3693
匯款帳號：3199717004240 合作金庫銀行大坪林分行
戶　名：全佛文化事業有限公司
E-mail:buddhall@ms7.hinet.net
http://www.buddhall.com
門　市　新北市新店區民權路95號4樓之1（江陵金融大樓）
門市專線：(02)2219-8189
行銷代理　紅螞蟻圖書有限公司
台北市內湖區舊宗路二段121巷19號（紅螞蟻資訊大樓）
電話：(02)2795-3656　傳真：(02)2795-4100
初　版　二〇〇〇年八月
初版七刷　二〇一六年八月
定　價　新台幣三五〇元
ISBN　978-957-8254-85-5（平裝）

Buddhall

Published by BuddhAll Cultural Enterprise Co.,Ltd.

國家圖書館出版品預行編目資料

密教的修法手印 / 全佛編輯部主編. -- 初版.
-- 臺北市：全佛文化, 2000 [民89]
面；　公分. -- (佛教小百科：18-19)

ISBN 978-957-8254-85-5(上冊：平裝)
ISBN 978-957-8254-86-2(下冊：平裝)

1.藏傳佛教－修持
226.966　　　89011178

全佛文化藝術經典系列

大寶伏藏【灌頂法像全集】

蓮師親傳•法藏瑰寶，世界文化寶藏•首度發行！
德格印經院珍藏經版•限量典藏！

本套《大寶伏藏—灌頂法像全集》經由德格印經院的正式授權全球首度公開發行。而《大寶伏藏—灌頂法像全集》之圖版，取自德格印經院珍藏的木雕版所印製。此刻版是由西藏知名的奇畫師—通拉澤旺大師所指導繪製的，不但雕工精緻細膩，法莊嚴有力，更包含伏藏教法本自具有的傳承深意。

《大寶伏藏—灌頂法像全集》共計一百冊，採用高級義大利進美術紙印製，手工經摺本、精緻裝幀，全套內含：

•三千多幅灌頂法照圖像內容　•各部灌頂系列法照中文譯名

附贈　•精緻手工打造之典藏匣函。

•編碼的「典藏證書」一份與精裝「別冊」一本。

（別冊內容：介紹大寶伏藏的歷史源流、德格印經院歷史、《大寶伏藏—灌頂法像全集》簡介及其目錄。）

全佛文化白話佛經系列

白話華嚴經 全套八冊

國際禪學大師 洪啟嵩語譯　定價NT$5440

八十華嚴史上首部完整現代語譯！

導讀 + 白話語譯 + 註譯 + 原經文

《華嚴經》為大乘佛教經典五大部之一，為毘盧遮那如來於菩提道場始成正覺時，所宣說之廣大圓滿、無盡無礙的內證法門，十方廣大無邊，三世流通不盡，現前了知華嚴正見，即墮入佛數，初發心即成正覺，恭敬奉持、讀誦、供養，功德廣大不可思議！本書是描寫富麗莊嚴的成佛境界，是諸佛最圓滿的展現，也是每一個生命的覺性奮鬥史。內含白話、注釋及原經文，兼具文言之韻味與通暢清晰之白話，引領您深入諸佛智慧大海！